CONNAÎTRE
EN CITATIONS

Collection dirigée par
Adelino Braz

MERLEAU-PONTY

Patrice Vibert
Professeur de philosophie
au lycée Sembat (76)

ellipses

Dans la même collection

- *Arendt*, Mathieu Cochereau
- *Aristote*, Sébastien Bassu
- *Bergson*, Alain Panero
- *Bourdieu*, Adelino Braz
- *Deleuze*, Daniel Adjerad
- *Descartes*, Solange Gonzalez
- *Foucault*, Baptiste Jacomino, Faustine Jacomino
- *Freud*, Emmanuel Maudet
- *Hegel*, Christian Godin
- *Heidegger*, Sébastien Camus
- *Hume*, Benoît Gide-Honoré
- *Kant*, Adelino Braz
- *Machiavel*, Jérôme Roudier
- *Pascal*, Bernard Grasset
- *Platon*, Hervé Bonnet
- *Rousseau*, Pascal Bouvier
- *Sartre*, Patrice Vibert
- *Spinoza*, Éric Delassus
- *Wittgenstein*, Florent Basch

ISBN 9782340-023673

32, rue Bargue 75740 Paris cedex 15

www.editions-ellipses.fr

ciudication du philosophe est sa vertu • L'analyse classique de la percep
elle toute notre expérience sur le plan unique de ce qui est jugé, pour de bor
ons, comme étant en vérité • Ce qui résiste en nous à la phénoménologie – l
urel […] – ne peut pas demeurer hors de la phénoménologie et doit avoir sa p
elle • La philosophie est l'ensemble des questions où celui qui questionne est
me mis en cause par la question • On ne peut pas faire de l'ontologie directe.
thode "indirecte" (l'être dans les étants) est seule conforme à l'être • La conscie
t vivre dans les choses existantes, sans réflexion, s'abandonner à leur struc
crète qui n'a pas encore été convertie en signification exprimable • Notre êtr
nde est le porteur concret de ce double anonymat • La conscience est origi
ent non pas un "je pense que", mais un "je peux". • Pour rendre compte de c
ose entre la vie anonyme du corps et la vie officielle de la personne, qui e
nde découverte de Freud, il fallait introduire quelque chose entre l'organism
s-mêmes comme suite d'actes délibérés, de connaissances expresses. Ce fut
scient de Freud • Le "rayon du monde" est non synthèse et non "réception" r
régation i.e. suppose qu'on est déjà dans le monde ou dans l'être • La percep
non perception de choses d'abord, mais perception des éléments (eau, a
ayons du monde, de choses qui sont des dimensions, qui sont des monde
se sur ces "éléments" et me voilà dans le monde, je glisse du "subjectif" à l'Ê
tiste selon Balzac ou selon Cézanne ne se contente pas d'être un animal culti
ume la culture depuis son début et la fonde à nouveau, il parle comme le prer
nme a parlé et peint comme si l'on n'avait jamais peint • La vérité est que c
vre exigeait cette vie. • Le style est dans chaque peintre le système d'équivaler
l se constitue pour cette œuvre de manifestation, l'indice général et concre
déformation cohérente" par laquelle il concentre la signification encore ép
s sa perception, et la fait exister expressément. • Si le peintre veut exprim
nde, il faut que l'arrangement des couleurs porte en lui ce Tout indivisible. •
ntre comme Cézanne, un artiste, un philosophe doivent non seulement cré
rimer une idée, mais encore réveiller les expériences qui l'enracineront dan
res consciences. • Il n'y a que des sous-entendus dans une langue quelle qu
, l'idée même d'une expression adéquate, celle d'un signifiant qui viendrait c
exactement le signifié, celle enfin d'une communication intégrale sont inco
tes • L'Être est ce qui exige de nous création pour que nous en ayons l'expérie
rsonne n'a été plus loin que Proust dans la fixation des rapports du Visible e
visible, dans la description d'une idée qui n'est pas le contraire du sensible,
est la doublure et la profondeur • L'unité de la peinture, elle n'est pas seulem
Musée, elle est dans cette tâche unique qui se propose à tous les peintres, qu
un jour ils seront comparables, et que ces feux se répondent l'un à l'autre c
enir • La puissance ou la générativité des œuvres excède tout rapport posit
salité et de filiation • On entendait donc ici ces événements d'une expérience
otent de dimensions durables, par rapport auxquelles toute une série d'au

À mes parents

À Cécile, Gabriel et Héloïse

Table des matières

3. La création du sens

4. Penser l'Histoire

5. Peut-on penser philosophiquement l'événement historique ?

Bibliographie

Introduction générale Merleau-Ponty et l'énigme du visible

Les années de formation

Malgré tout ce qui les rend unique, on peut classer les philosophes en deux catégories. Certains vont passer d'un problème à l'autre, élaborant peu à peu un ensemble de réponses aux différents problèmes qu'ils formuleront, les autres semblent ne jamais avancer, ne jamais dépasser le premier problème, comme si les problèmes suivants ne faisaient que reformuler partiellement le mystère du premier. Merleau-Ponty appartient sans nul doute possible à cette seconde catégorie. Rarement une pensée n'a incarné aussi intimement un seul étonnement. Merleau-Ponty n'est pas seulement le nom qui désigne un individu particulier qui a vécu au vingtième siècle. C'est aussi le nom d'une attention toujours renouvelée à l'énigme du visible.

Né en 1908 à Rochefort-sur-Mer, Maurice Merleau-Ponty est le troisième enfant de Bernard Jean et Louise Merleau-Ponty qui emménagent à Paris dès l'année suivante. Le père de Maurice meurt en 1913 mais Maurice gardera toujours le souvenir d'une enfance heureuse malgré cette absence, bonheur qui lui évitera « cette difficulté d'avec soi-même » (*Entretiens Radiophoniques avec Georges Charbonnier*, 22 mai 1959) qu'il observe dans la jeunesse. Le jeune Maurice fait une scolarité remarquable au lycée Janson de Sailly à Paris, tout en suivant clandestinement des cours d'Alain à Henri IV, puis prépare le concours d'entrée à l'École normale supérieure à Louis-Le-Grand. Intégrant l'ENS à Ulm en 1926, il a comme professeur Léon Brunschvig et Jean Cavaillès qui l'initieront à un rationalisme rigoureux et rencontre Raymond Aron, Maurice de Gandillac et bien sûr Jean-Paul Sartre. L'épisode qui signe leur rencontre est révélateur de l'amitié qui les liera jusqu'à la mort de Merleau-Ponty malgré les désaccords qui les ont éloignés l'un de l'autre. À l'École normale, Merleau-Ponty fait partie du groupe des talas, dont le nom suggère que ce sont ceux qui vont *à la* messe et, la querelle entre religieux et anti-religieux étant encore assez véhémente à l'école à cette période, le jeune Maurice se trouve un jour pris à partie avec son groupe par les antitalas. Alors qu'il était lui-même proche de ces derniers, Sartre vient au secours de Merleau-Ponty et lui évite sans doute de recevoir quelques coups mais cet épisode initial ne se transformera en amitié que de longues années plus tard. Son appartenance au groupe des talas montre une sensibilité religieuse qui ne disparaîtra jamais entièrement. Même s'il devient athée dès 1928 et développera une philosophie de l'immanence, l'importance de l'héritage culturel du christianisme et la volonté de ne pas renier la tradition spiritualiste montre une fidélité à sa sensibilité première (Simone de Beauvoir dans ses *Cahiers de jeunesse* signalant même une reconversion). Avant de rejeter la foi chrétienne, il sera quelque temps correspondant de la revue *Esprit* et clôturera cette orientation philosophique en soutenant un mémoire pour son diplôme d'études supérieures sur le thème de *La notion de multiple intelligible chez Plotin*.

De 1933 à 1945, Merleau-Ponty va se plonger dans le thème qui fécondera sa pensée jusqu'à sa mort, la perception, et va peu à peu définir ce qu'on peut appeler le programme existentialiste qu'il partagera avec Sartre. Le projet de recherche qu'il rédige en 1933 (*Projet de travail sur la nature de la perception*) pour obtenir une bourse à la Caisse Nationale des sciences montre déjà le souci de dépasser la philosophie intellectualiste de son époque et de repenser le problème de la perception et du corps à la lumière des nouvelles théories psychologiques et neurologiques. Le texte *La nature de la perception* qu'il rédige pour le renouvellement de la bourse auprès du même organisme l'année suivante esquisse déjà les axes directeurs de la *Phénoménologie de la perception* et se revendique de la phénoménologie husserlienne pour expliciter les fondements philosophiques qui restent impensés dans ces découvertes psychologiques. Au-delà du recours à la phénoménologie, il faut remarquer que l'élaboration philosophique de Merleau-Ponty s'effectue à partir d'un dialogue minutieux avec les sciences de l'homme qui restera incessant jusqu'à sa mort et qui sera une des sources de son projet d'ontologie indirecte.

Après ces deux années de recherche, Merleau-Ponty devient professeur de philosophie pendant un an à Chartres, agrégé-répétiteur à l'ENS de 1936 à 1939, puis, de 1940 à 1944, à nouveau professeur, au lycée Carnot à Paris, où il a comme élève Claude Lefort, tout en continuant ses recherches sur la perception et la Gestaltpsychologie sur laquelle il écrira un article en 1936 en collaboration avec Aron Gurwitsch en exil à Paris. Ces années seront aussi l'éveil de la conscience politique de Merleau-Ponty, bien qu'il ait eu toujours une certaine perception du collectif. En effet, dès 1936, Merleau-Ponty signe un manifeste dans deux journaux chrétiens pour que l'Église réagisse au bombardement de Guernica. Le silence de l'autorité ecclésiastique conduit Merleau-Ponty à prendre définitivement ses distances avec l'Église et la revue *Esprit* dont il était resté le correspondant. Le déclenchement de la guerre en 1939 sera un second palier dans son rapport à la politique. Mobilisé en septembre 1939, il considère que cette expérience militaire n'a « rien changé pour l'essentiel à nos pensées » (« La guerre a eu lieu », *Sens et non sens*, p. 172) même s'il y fait l'expérience de la violence, thème central de sa pensée politique, et si elle a sans doute éveillé le souci de peser les événements politiques en fonction de leur capacité à conjurer ou à précipiter la guerre. Démobilisé, Merleau-Ponty se marie avec Suzanne Berthe Jolibois et rejoint ensuite le groupe d'intellectuels résistants « socialisme et liberté » que Sartre a fondé après sa libération avec Simone de Beauvoir, Jean-Toussaint et Dominique Desanti et des étudiants normaliens. Même si le groupe comporte peu à peu plus de cinquante personnes, l'échec du rapprochement avec Malraux et avec les communistes sont le signe de son inefficacité et conduit à sa dissolution. Cependant cette aventure collective a été le début d'une grande amitié avec Sartre qu'il rejoint dans le lancement de la revue *Les Temps modernes* en 1944. Sartre en est le directeur mais Merleau-Ponty rédigera seul la plupart des éditoriaux des premières années. L'article autobiographique « La guerre a eu lieu » qu'il publie dans le premier numéro peut être lu comme un manifeste de la revue par les liens qu'il tisse entre écriture et engagement et entre subjectivité et vie sociale.

L'aventure existentialiste

Parallèlement, Merleau-Ponty publie ses deux premiers ouvrages philosophiques : sa thèse, *La structure du comportement*, soutenue en 1938 paraît en 1942 et sa seconde thèse, *La phénoménologie de la perception*, est publiée en 1945, année de sa soutenance. Dès *La structure du comportement*, Merleau-Ponty trouve la formulation précise du problème qui ne cessera d'insister dans son œuvre, celui de la relation entre « la conscience et la nature ». En effet, le paradoxe de l'existence humaine réside bien dans ce mystère d'une conscience incarnée et la description philosophique de cette dernière ne devra survaloriser aucun des deux pôles de l'existence (le psychologique et le naturel) si elle veut résoudre ce paradoxe sans le détruire. Ces deux ouvrages complémentaires vont tenter une première solution à ce problème, même si Merleau-Ponty est très vite conscient qu'ils servent avant tout à préciser les difficultés que devra surmonter une véritable analyse de l'existence humaine.

La structure du comportement part de l'opposition entre une conception intellectualiste et une conception causale du comportement. L'analyse des recherches en psychologie et neurologie permet à Merleau-Ponty de rejeter ces deux conceptions et de les remplacer par une nouvelle théorie du comportement qui est avant tout une relation globale à un monde et qui est comparable à une mélodie, à la fois par son unité, son orientation temporelle et sa capacité être transposé, adapté à d'autres « gammes ». L'ouvrage se termine par un appel à la phénoménologie, seule philosophie capable selon lui d'expliciter les présupposés de cette nouvelle théorie. *La phénoménologie de la perception* va commencer là où le précédent ouvrage finit, par un parti pris phénoménologique qui sera éduqué, enrichi par les travaux psychologiques et neurologiques. La nouveauté de cette analyse de la perception réside dans sa volonté de dépasser la relation sujet-objet. La perception n'est pas l'acte d'un sujet qui se représente, qui pense un objet mais est la relation d'un corps à un monde. L'existence humaine est ambiguë car elle est dans cet équilibre précaire entre un point de vue à la première personne où je vis mon corps et mon monde comme sujet pleinement actuel et un point de vue à la troisième personne où ma passivité me rapproche du monde des choses. Dès cet ouvrage, Merleau-Ponty prend quelques distances par rapport à la phénoménologie qui lui paraît encore trop prisonnière de la première personne et est donc incapable d'exprimer notre vie irréfléchie.

Après la Seconde Guerre mondiale, le professeur de lycée est nommé maître de conférence puis professeur à l'université de Lyon et parallèlement chargé de conférences à l'ENS. Il y poursuit ses travaux tout en défendant dans une série d'articles et de conférences l'existentialisme incarné par sa seconde thèse et *L'être et le néant* de Sartre. Cette défense est l'occasion d'un dialogue avec le marxisme, aussi critique envers cette nouvelle philosophie qu'a pu l'être le catholicisme, qui ne cessera de s'enrichir dans les années suivantes. Après sa lecture assidue de Marx, Lénine et Trotski depuis la Seconde Guerre mondiale, Merleau-Ponty cherche à comprendre les avatars du processus révolutionnaire russe, c'est-à-dire du marxisme réel, et en particulier les procès de Moscou. Partant du livre *Le Zéro et l'infini* d'Arthur Kœstler lui-même inspiré par ces procès, Merleau-Ponty en fait une analyse dans une série d'articles parus dans *Les Temps modernes* qui seront ensuite repris dans *Humanisme et terreur.* Le paradoxe d'un révolutionnaire qui justifie sa propre condamnation l'oblige à réfléchir sur la possibilité de divergences lors d'un mouvement révolutionnaire fondé sur une philosophie de l'histoire et qui prétend donc avoir atteint une vérité sur la description du processus historique. Il en conclut un « attentisme marxiste » dans lequel il soutient le communisme comme défense des intérêts du prolétariat tout en refusant le marxisme comme vérité philosophique. Plus largement, cet ouvrage cherche à préciser les conditions du jugement politique lorsqu'il s'agit d'un fait qui nous est contemporain, problème qui n'est en fait pas étranger à ses préoccupations précédentes puisqu'il s'agit bien de savoir ce que signifie percevoir un événement et agir sur lui.

Merleau-Ponty est ensuite élu au Collège de France en 1952 et il devient le plus jeune professeur de philosophie nommé à cette chaire. Lors de ses premières années d'enseignement dans cette institution il insiste sur le thème de l'expression qui est au centre de l'ouvrage *La prose du monde* qu'il avait mis en chantier en 1951 et qu'il abandonnera. Il se distingue des analyses de « Qu'est-ce que la littérature ? » publié par Sartre en 1947 et essaie de comprendre le parcours de la signification, de sa première apparition dans l'acte perceptif jusqu'à son expression élaborée dans la littérature et le discours scientifique.

La découverte d'un nouveau langage philosophique

Merleau-Ponty va arrêter quelque temps l'écriture de l'ontologie qui prendra peu à peu la place de celle qui sous-tend *La phénoménologie de la perception* afin d'exposer sa position définitive vis-à-vis du marxisme. Bien que l'ouvrage *Humanisme et Terreur* témoigne encore d'une convergence avec la politique communiste, même si Merleau-Ponty n'a jamais adhéré au Parti Communiste, la découverte de l'étendue des camps russes et l'invasion de la Corée signent sa rupture avec le marxisme. La série de textes « Les communistes et la paix » publiée par Sartre entre 1952 et 1953 dans *Les Temps modernes* sans l'aval de Merleau-Ponty qui en assurait pourtant la direction politique l'obligera à clarifier son propre point de vue. La rupture entre les deux amis se joue en fait dès décembre 1952 lorsque Sartre impose à la revue un texte de Pierre Naville car Merleau-Ponty, pensant que ce texte ne pouvait être que mal compris, en rédige une présentation qui sera supprimée de la publication par Sartre sans en avertir l'intéressé. Entre-temps, Claude Lefort s'oppose à Sartre dans « Le marxisme de Sartre » et l'attitude de ce dernier, qui écrit une réponse à Lefort où se manifeste du mépris et de l'autoritarisme, révolte son ami qui lui demande de pouvoir exprimer sa propre position dans la revue. Ayant vu sa demande rejetée, Merleau-Ponty fait une conférence intitulée « Philosophie et politique aujourd'hui » où il renonce à l'intervention philosophique au sujet de l'actualité immédiate. Cette conférence entraînera une série de lettres où se décidera la rupture avec Sartre et Merleau-Ponty n'écrira plus dans *Les Temps modernes* mais dans *L'express*, journal proche de Pierre Mendès France. Il précisera les raisons de sa rupture avec Marx et Sartre dans *Les aventures de la dialectique* où il diagnostique l'échec de la révolution et l'impossibilité qu'une classe sociale incarnée par un seul peuple représente le mouvement universel de l'Histoire.

Après avoir achevé *Les aventures de la dialectique*, Merleau-Ponty revient à son projet philosophique initial. Cependant cette mise au point n'a pas été seulement un conflit factuel et politique avec Sartre car elle a permis à Merleau-Ponty de pointer la nécessité de transformer la définition de la réflexion philosophique et sa relation avec le non-philosophique (par exemple le domaine politique). C'est sans doute une des raisons qui expliquent que dans ses derniers textes Merleau-Ponty dialogue encore par deux fois avec la pensée sartrienne : dans la préface du recueil *Signes* et dans un des chapitres de l'ouvrage posthume *Le visible et l'invisible*. Son enseignement pendant ces années porte essentiellement sur le concept de Nature. Il y interroge les présupposés de la conception cartésienne et judéo-chrétienne de la nature et tente de les dépasser par une réflexion sur notre animalité. Il s'intéresse aussi aux différentes recherches issues du structuralisme, autant celles de Claude Lévi-Strauss que celles de Jacques Lacan et voit dans la notion de structure un moyen de dépasser l'opposition sujet-objet et d'exprimer un vécu plus archaïque.

Cette nouvelle ontologie avait commencé à s'exprimer dans l'ouvrage posthume *Le visible et l'invisible* et dans son dernier essai *L'œil et l'esprit*. Si le premier texte nous initie méthodiquement à une nouvelle forme d'interrogation philosophique, prenant congé autant de la philosophie réflexive, de l'ontologie sartrienne que de la phénoménologie – ce qui révèle une nouvelle fois que, depuis sa prise de distance avec le christianisme, Merleau-Ponty n'a jamais cessé de chercher sa propre pensée à partir de sa différence avec celles qui l'ont influencé, faisant d'elle une pensée éminemment dialogique –, son ultime essai fait revivre à nouveau l'énigme du visible tel qu'il se révèle dans l'acte pictural. Si la vision peut se transformer en geste, c'est qu'elle n'est pas pure pensée, si une sensation est déjà un savoir sur l'être, c'est que sensible et intelligible ne font qu'un. Ce chiasme entre corps et esprit, entre le particulier et le général prendra le nom de « chair », terme qui témoigne de cette épaisseur du monde que nous n'aurons jamais fini d'explorer et du rassemblement des perceptions dans un monde commun.

Arrivé au seuil de cette nouvelle ontologie qui devait lui permettre de réinterroger une nouvelle fois la condition humaine, l'art et l'Histoire, Merleau-Ponty meurt d'un arrêt cardiaque le 3 mai 1961 à Paris. Peu de jours avant, il rencontra Sartre à l'ENS et ils estimèrent qu'il était temps de renouer les liens qui les unissaient.

1. La recherche d'une méthode

« *La claudication du philosophe est sa vertu.* »

« Éloge de la philosophie », *Éloge de la philosophie*, p. 61.

Idée

La reprise de la posture socratique pour définir la philosophie est un lieu commun qui permet à chaque philosophe de s'intégrer à la tradition. Elle se trouve ici renouvelée car elle éclaire en retour la démarche interrogative de Socrate en comparant l'ignorance du philosophe à une claudication. De même que celui qui boîte à une difficulté à marcher qui lui fait prendre conscience de l'acte de marcher, le philosophe découvre la nature de l'acte expressif et de l'apparition du sens dans la parole par la difficulté qu'il a de s'exprimer.

Contexte

Cette leçon inaugurale remplit les deux fonctions de cet exercice académique. Merleau-Ponty se situe par rapport à ses devanciers dans cette institution dont Bergson dont il réinterprète les grands thèmes à la lumière de la relecture qu'il en fait à cette époque et qui nourriront les grands thèmes du *Visible et l'invisible*. Au-delà de cet aspect rhétorique, il propose sa propre définition de l'activité philosophique en la détachant de la simple défense de l'existentialisme qui était prédominante à la fin des années quarante.

Commentaire

Lorsque Merleau-Ponty publia *La structure du comportement* et la *Phénoménologie de la perception*, les premières analyses de cette nouvelle philosophie ont été déconcertées par son obstination à ne pas se laisser enfermer dans une thèse plutôt qu'une autre. Le premier ouvrage étant une critique de l'analyse du comportement d'après la théorie mécaniste, il pouvait suggérer que l'auteur était partisan d'un idéalisme pour lequel le vrai sens du comportement se dévoilait dans le point de vue à la première personne qui est celui de la subjectivité et du monologue intérieur où s'exprime la pensée. Cette hypothèse est mise à mal à la lecture du second ouvrage qui démarque clairement la philosophie de l'existence d'une philosophie du sujet, la situant dans un perpétuel entre-deux entre le point de vue à la première personne et le point de vue à la troisième personne dans lequel on considère l'individu comme un objet, un corps objectif. Alphonse de Waehlens propose ainsi l'expression « philosophie de l'ambiguïté » pour nommer cette philosophie de l'existence, cette pensée où l'homme n'est jamais entièrement sujet, actif ou libre mais n'est pas seulement un objet, passif ou déterminé.

On peut se demander si cette ambiguïté est liée à la réalité que Merleau-Ponty tente de décrire ou si elle n'est qu'un défaut d'expression qui lui est imputable. Cette question est primordiale pour évaluer la rigueur de cette pensée qui ambitionne d'aller au-delà des oppositions classiques de la philosophie (l'opposition du réalisme et de l'idéalisme, de l'empirisme et de l'intellectualisme). Il y a bien une ambiguïté présente dans l'existence elle-même car toute activité du sujet n'est qu'une reprise d'un fond de passivité et toute passivité déchéance d'une activité. Parce que notre existence ne se situe jamais dans un seul de ces pôles, elle semble elle-même atteinte de claudication.

Ce jeu de miroir entre la description philosophique et ce mouvement de l'existence ne suffit pas pour comprendre toute la portée de cette vertu de la claudication. La philosophie de Merleau-Ponty est une philosophie de l'ambiguïté et le philosophe doit claudiquer afin de pouvoir penser adéquatement l'expression. La science, la religion, l'action elle-même ne sont possibles que si elles exercent ce pouvoir expressif dans le domaine qui leur est propre mais doivent accepter une part d'exprimé, un réservoir de significations déjà constitué qui devra être repris et enrichi. Au contraire, le philosophe cherche à se situer à la naissance du sens, il veut observer le processus expressif dans ce qu'il a de plus primordial. Pour cela, il faut une véritable ascèse philosophique pour déconstruire toutes les significations déjà établies. La dimension critique de la philosophie réside donc dans son refus d'accepter sans réserve ces significations instituées, sédimentées. Merleau-Ponty peut donc légitimement revendiquer la filiation socratique dont l'usage de l'ironie rejoint la claudication propre à ce philosophe de l'expression. Si la claudication, le bégaiement sont des vertus philosophiques, l'assurance peut alors être son vice. Dès que la philosophie s'enferme dans une thèse, elle se fige, perd son détachement nécessaire et devient dogmatique. Merleau-Ponty retrouve ces deux mouvements dans la pensée dialectique moderne puisque cette pensée de la contradiction permet de suivre l'avènement du sens et son cheminement historique quand elle s'ouvre à la dimension créative de cette contradiction alors que la mauvaise dialectique devient une interprétation imposée au réel quand elle se fige en système.

Vocabulaire

La contingence: Opposée à la nécessité, la contingence n'est pas rapprochée de l'absurdité par Merleau-Ponty mais de la fragilité. Le sens et l'histoire sont contingents car ils peuvent sombrer dans le chaos à chaque instant.

Portée

Plus qu'un simple vœu de modestie, ce portrait du philosophe en boiteux montre le malentendu du front commun existentialiste qui a été partagé avec Sartre et Simone de Beauvoir à la fin des années quarante. Merleau-Ponty ne renie pas la notion d'engagement présente dans la philosophie de l'existence mais elle est moins pour lui la vertu du philosophe que le sort de tout homme. Au lieu d'assumer radicalement cet engagement existentiel comme le propose Sartre, il réintroduit un détachement nécessaire à l'interrogation philosophique, ce qui conduira à un désaccord de plus en plus manifeste sur la possibilité de juger dans l'urgence les événements contemporains.

La critique du point de vue intellectualiste

« *L'univers de la perception ne serait pas assimilable à l'univers de la science.* »

« Projet de travail sur la nature de la perception »,
Le primat de la perception, p. 13.

Idée

La perception n'est pas une connaissance confuse que la science compléterait et éclaircirait. En réalité, le perçu est irréductible à toute forme de connaissance discursive car cela le condamnerait à n'être qu'une connaissance du monde imparfaite par rapport à la science or c'est une relation au monde d'un autre ordre que celui de la connaissance et sur laquelle s'appuie en réalité la rationalité scientifique.

Contexte

Ce premier programme philosophique a, pour nous lecteur de l'œuvre intégrale de Merleau-Ponty, une valeur prophétique car chacun de ses ouvrages s'apparentent à un commentaire, un développement de ce texte fondateur. Alors que la philosophie française des années 30 était dominée par un intellectualisme qui prenait comme modèle la connaissance scientifique, Merleau-Ponty ouvre le chemin de sa philosophie en affirmant l'irréductibilité du vécu.

Commentaire

Il est toujours difficile d'interpréter un des premiers textes d'un auteur mort sans penser à toute l'œuvre qui a suivi ce jet initial. Une intuition n'est pas un système philosophique développé mais avant tout une voie à suivre, une exigence de questionnement et c'est cette exigence que nous retrouvons dans ce « Projet de travail sur la nature de la perception » daté de 1933. Alors qu'il n'a que vingt-cinq ans, Merleau-Ponty formule telle une obsession l'exigence qui va le hanter jusqu'à sa mort, cette nécessité (même si lui-même ne parle que d'utilité) de « reprendre le problème de la perception ». Cette reprise n'est pas une réflexion philosophique abstraite mais va s'opérer par la confrontation entre la théorie philosophique de la perception dominante à son époque et les recherches psychologiques les plus modernes issues de la Gestalttheorie.

La théorie de la perception contre laquelle Merleau-Ponty va construire sa propre pensée est l'intellectualisme dont le plus grand représentant est Léon Brunschvicg et qui est issu du criticisme kantien. D'après cette théorie philosophique, tout acte de conscience est une connaissance. Ce parti pris conduit à dévaloriser la perception car la connaissance qu'elle contient ne peut être que moins précise et moins rigoureuse que la connaissance scientifique. La perception est donc un premier pas vers la science qu'il faudrait corriger et l'univers de la perception est identique à l'univers de la science. La seule différence résiderait, si on accepte cette position philosophique, dans le degré de connaissance que le sujet possède dans chaque cas car si la science est le modèle de toute connaissance et si la perception est elle-même une connaissance, nous sommes condamnés à la comparer à la science. Cette conséquence semble aussi vieille que la philosophie puisqu'on peut faire remonter à Platon cette dévalorisation de la perception au profit de la science et, contrairement à ce que leur opposition historique donne à penser, l'empirisme et l'intellectualisme partagent ces mêmes présupposés. L'empirisme va affirmer que la science se construit à partir de la perception alors que l'intellectualisme va commencer par se méfier de la perception. Dans les deux cas, la perception doit être dépassée vers la connaissance scientifique car ce qu'il y a de vrai en elle sera repris plus rigoureusement par la science.

La philosophie de l'existence que Merleau-Ponty va construire peu à peu durant les années trente et quarante n'est donc pas simplement une nouvelle interprétation de l'existence humaine mais aussi une nouvelle méthode philosophique. Elle consiste à affirmer l'irréductibilité du perçu, du vécu au connu et d'autant plus au connu scientifiquement. Cela permettra de décrire la perception pour elle-même sans présupposé et non pas comme une simple fonction dans la structure de la connaissance scientifique. En affirmant que ce que nous apprend la perception ne se retrouvera pas entièrement dans la science, Merleau-Ponty redonne au perçu un caractère énigmatique qui doit à nouveau provoquer l'étonnement du philosophe alors que l'intellectualisme se précipite pour oublier ce qui se donne à penser dans la perception.

Vocabulaire

La perception : Plus qu'un concept, la perception est le moteur de la pensée de Merleau-Ponty puisque son analyse se poursuivra jusqu'aux œuvres ultimes. Pourtant, Merleau-Ponty ne se contente pas de se demander ce que signifie percevoir. Sa méfiance vis-à-vis du point de vue intellectualiste le conduit à se demander si le mot même de « perception » n'est pas trompeur puisqu'il conduit peu à peu à supposer un sujet qui perçoit et à isoler la perception des autres éléments de l'existence. Fidèle à son projet d'une description sans présupposé de l'existence humaine, Merleau-Ponty va progressivement privilégier les concepts de « vécu » ou d'« expérience » pour penser notre appartenance au monde et utiliser la notion de « visible » qui ne fait plus référence à l'acte psychologique d'un sujet.

Portée

Dans ce court projet de 1933, Merleau-Ponty se donne la même ambition que Heidegger et Bergson : libérer la philosophie du modèle scientifique dans lequel une interprétation réductrice de Kant l'avait enfermée. Il s'agit moins d'une thèse argumentée que d'une intuition qui lui permettra d'aborder les autres domaines de la philosophie, principalement l'art et la politique, à partir du problème de la vie perceptive. Cette libération est donc, du point de vue de la méthode, la condition nécessaire pour repenser totalement la philosophie et élargir l'analyse de la perception.

> *L'analyse classique de la perception nivelle toute notre expérience sur le plan unique de ce qui est jugé, pour de bonnes raisons, comme étant en vérité.*

« Le primat de la perception et ses conséquences philosophiques », *Le primat de la perception*, p. 46.

Idée

En prenant la science comme idéal, comme norme pour penser la perception et l'ensemble du vécu, l'intellectualisme prend un point de vue réducteur sur notre expérience. Celle-ci est identifiée à une connaissance qui a la forme d'un jugement. Par conséquent, toute description de l'expérience par cette position philosophique introduit implicitement un jugement de valeur. L'expérience sera jugée, et le plus souvent dévalorisée, par le degré de vérité qu'elle contient.

Contexte

Cet exposé de Merleau-Ponty à la Société française de philosophie a lieu après la publication de sa seconde thèse, *La phénoménologie de la perception*, et en résume les acquis principaux. Il fait donc partie de l'ensemble des textes où Merleau-Ponty, Sartre et Simone de Beauvoir sont amenés à défendre leur philosophie de l'existence, front commun qui définira l'existentialisme. Cependant, contrairement aux autres textes surtout destinés au grand public cultivé, l'exposé de Merleau-Ponty s'adresse avant tout à des universitaires, c'est pourquoi il insistera plus sur le renouvellement de l'analyse de la perception que sur la conception de l'existence qui l'accompagne.

Commentaire

L'analyse classique à laquelle Merleau-Ponty fait ici référence est l'intellectualisme. Cette position philosophique identifie la perception à une connaissance et la décompose en deux éléments : la matière de la perception, ensemble des sensations que le sujet reçoit passivement, et sa forme, l'unification de ces sensations par un jugement implicite. C'est ce jugement qui se trouvera progressivement corrigé par la science. On assiste ici à une vision réductrice de l'expérience humaine car ce n'est pas simplement la perception qui est définie comme une connaissance mais avec elle tout le champ du vécu et cette réduction s'accompagne aussi d'une dévalorisation. En effet, l'intellectualisme ne s'est pas complètement affranchi de la métaphysique classique qui jugeait l'imperfection de la pensée et de la connaissance humaine en la comparant avec la perfection de la pensée divine. En remplaçant la perfection de la connaissance divine par la perfection de la connaissance scientifique, l'intellectualisme reconduit ce geste de réduction et de dévalorisation. L'intégralité de l'expérience humaine se voit ramenée au seul domaine cognitif et le sujet humain n'est donc plus qu'un sujet connaissant dont l'expérience quotidienne ne pourra jamais atteindre la rigueur de la connaissance scientifique. D'après ce point de vue, l'expérience humaine ne serait qu'un ensemble de jugements implicites qui unifieraient et qualifieraient ce que nous ressentons intérieurement ou extérieurement, ce qui signifierait que notre seul rapport au monde est un rapport intellectuel. La notion de vérité, prise dans son sens scientifique, est ici fondamentale pour penser l'expérience humaine. En effet, l'intellectualisme analyse l'expérience humaine en prenant comme norme la réalité objective et utilisera le vocabulaire du manque, de l'illusion, de l'erreur pour décrire l'intervention de la subjectivité dans la perception du monde objectif et la déformation qu'elle fera subir à ce dernier.

La libération de la perception et de l'expérience humaine que promeut Merleau-Ponty revient donc à redonner toute son extension à ce champ de l'expérience. Il faut alors affirmer que le rapport cognitif au monde n'est qu'un des rapports possibles à côté des rapports affectifs, imaginaires, religieux... En fait, au lieu d'isoler ces différents rapports, il est peut-être nécessaire d'admettre qu'ils sont tous présents dans l'expérience humaine et qu'un d'entre eux peut devenir prédominant seulement à certains moments. L'expérience peut donc être décrite pour elle-même dans toute sa richesse et non plus jugée par rapport à une norme objective de vérité.

Vocabulaire

Expérience : Cette notion parcourt l'ensemble de l'œuvre de Merleau-Ponty et permet de comprendre ses changements de direction. Elle désigne le vécu originel, élémentaire qui précède toutes les constructions intellectuelles utilisées par la réflexion pour la décrire, c'est pourquoi le retour à l'expérience nécessite une méthode spécifique que Merleau-Ponty trouvera dans la phénoménologie avant d'élaborer l'ontologie indirecte. L'expérience s'identifie dans un premier temps à la perception car cette dernière est le modèle qui permet de penser notre ouverture au monde. Au contraire dans *Le visible et l'invisible* l'expérience sera pensée indépendamment de la perception car elle n'est plus liée directement à un sujet mais à l'être qui s'ouvre lui-même en créant l'écart entre le voyant et le visible, le sujet et l'objet.

Portée

La philosophie de l'existence développée par Merleau-Ponty ne se contente de rejeter l'analyse classique de la perception mais utilise cette critique pour renouveler intégralement l'approche de l'existence humaine. Si le rapport au réel n'est plus seulement un rapport de connaissance, cette ouverture à l'être redevient donc un mystère qui alimentera l'interrogation philosophique. La philosophie de l'existence affirme l'équivocité, la complexité de l'existence humaine contre ceux qui veulent la réduire à un jugement sur le monde objectif.

La phénoménologie

> « *La plus importante acquisition de la phénoménologie est sans doute d'avoir joint l'extrême subjectivisme et l'extrême objectivisme dans sa notion du monde ou de la rationalité.* »

Avant-propos, *Phénoménologie de la perception*, p. XV.

Idée

Pour la phénoménologie, le monde est défini par la relation entre le sujet et la réalité et n'est donc ni une construction psychologique émanant du sujet ni une réalité objective purement matérielle. En fait, la notion de monde, tout comme la notion de rationalité, réunit ces deux extrêmes dans un empiétement incessant. Contre les dualismes de la philosophie classique la phénoménologie va commencer par penser la relation entre le sujet et le monde avant de développer un de ces deux pôles car cette démarche montrera qu'ils sont inséparables.

Contexte

Cet avant-propos fait figure de manifeste pour défendre la phénoménologie issue de Husserl que Merleau-Ponty utilisera pour interpréter les travaux modernes de psychologie et de neurologie. Pour comprendre la portée de la phénoménologie, il est nécessaire de saisir l'unité de ses différents concepts : son point de vue descriptif, la réduction, la saisie des essences et l'intentionnalité. Seul cet ensemble conceptuel permettra de dégager la spécificité de cette approche et la rationalité qu'elle développe.

Commentaire

En découvrant la phénoménologie de Husserl dans les années trente, Merleau-Ponty n'y voit pas simplement l'occasion de rejeter l'enseignement intellectualiste de ses aînés, cette variante de l'idéalisme, mais aussi le réalisme qui en semble l'antithèse car ces deux frères ennemis ont en réalité une démarche commune. Pour penser la relation entre le sujet et la réalité par exemple dans le cas de la perception, il leur suffit de prendre en compte un seul de ces deux éléments et d'essayer plus ou moins habilement d'en déduire l'autre. Ses deux thèses sont vouées à l'échec car l'idéalisme qui part du sujet est obligé de supposer un moment de passivité en lui puisqu'il doit recevoir des sensations qu'il ne produit pas lui-même mais qui viennent du monde extérieur alors que le réalisme doit admettre une part d'activité dans le sujet afin d'expliquer ce qui sépare la perception d'un simple reflet du monde objectif.

Contrairement à ces deux illusions, la démarche phénoménologique montre que la déduction qu'elles prétendent effectuer n'a pas lieu d'être. La réduction est la première étape de cette démarche que cet avant-propos va développer et consiste à mettre entre parenthèses la thèse naturelle qui nous pousse à concevoir le monde comme une réalité séparée de nous. Cette thèse une fois écartée, il est possible de voir et de décrire la véritable activité de la conscience : l'intentionnalité. Notre subjectivité n'est pas une vie intérieure mais une intentionnalité, une ouverture à un monde qui n'est pas simplement une matière mais est tissé des significations que ma conscience et celle des autres y ont déposées. Sujet et objet sont donc interdépendants et apparaissent simultanément. Le monde est tout à la fois matière et signification et il n'y a ni à rechercher une réalité absolue derrière le monde que je perçois ni à découvrir une vérité supérieure à celle que je peux atteindre en tant qu'humain. De plus, la signification du monde n'est pas le simple fruit de ma subjectivité car le sens que les autres lui ont donné se sont sédimentés en lui. Ainsi c'est la cohérence de mes perceptions du monde et de mes raisonnements et leur cohérence avec la perception des autres et leurs raisonnements qui fondent phénoménologiquement les notions de monde et de rationalité. Loin d'être un simple complément à l'analyse de la perception, la notion d'horizon est donc intimement liée à la démarche phénoménologique.

Si ma perception n'est pas simplement un tableau, c'est qu'au-delà de ce que je vois explicitement tout un horizon de perceptions virtuelles s'annoncent déjà. La notion d'horizon est donc autant nécessaire pour rendre compte de la cohérence du monde perçu que celle d'intersubjectivité. Si l'intellectualisme ne s'était pas complètement affranchi de la religion en se contentant de remplacer la connaissance divine par la connaissance scientifique comme norme absolue de la rationalité, la phénoménologie développe ce que peut être une rationalité à la mesure de l'homme.

Vocabulaire

Le monde : Le monde n'est pas un objet, mais ce qui s'indique dans tout objet et donne une cohésion à l'ensemble de mes perceptions et de mes projets. Cette notion nous oblige donc à repenser le rapport entre le tout et ses éléments puisque le monde s'exprime dans chacun de ses éléments bien que cette totalité ne soit cependant pas un ensemble clos mais un ensemble à la fois cohérent et inachevé, ouvert à la nouveauté et à la création. De plus, le monde est toujours monde commun, commun à autrui et moi, commun aux différentes générations. Cette communauté sera peu à peu développée par Merleau-Ponty à travers les notions de sédimentations, d'institution et de chair.

Portée

Cette défense de la phénoménologie n'est pas une adhésion aveugle à la philosophie de Husserl. Contre les tendances idéalistes de la phénoménologie, Merleau-Ponty lui donne une orientation toute personnelle, y voyant une possibilité de sortir des philosophies à la première personne. La phénoménologie n'est pas pour lui une analytique de la subjectivité mais une exploration du monde vécu qui sera ensuite repensé en tant que chair.

> « *Ce qui résiste en nous à la phénoménologie – l'être naturel [...] – ne peut pas demeurer hors de la phénoménologie et doit avoir sa place en elle.* »

« Le philosophe et son ombre », *Signes*, p. 290.

Idée

La description phénoménologique a pour but de porter à l'expression notre contact muet avec les choses. Si elle veut rester fidèle à cette ambition, elle ne doit pas se contenter de saisir les essences présentes dans notre vécu mais elle doit affronter ce qui justement résiste à cette saisie. La phénoménologie doit paradoxalement s'ouvrir à ce reste non intellectualisable qu'est l'être sauvage si elle veut accomplir son projet.

Contexte

« Le philosophe et son ombre » marque à la fois la rupture de Merleau-Ponty avec la phénoménologie et sa dette envers elle car les insuffisances de cette méthode résident surtout dans son incapacité à aller jusqu'au bout de ses exigences initiales. Il était donc nécessaire de mettre à jour cet impensé de la philosophie de Husserl, ce qui dans la phénoménologie fait déjà exploser le cadre conceptuel de la phénoménologie.

Commentaire

La description des actes de la conscience et la saisie des essences incite la phénoménologie à privilégier la dimension spirituelle de notre existence et semble tout à fait pertinente pour aborder les domaines de l'intersubjectivité, de l'art et de la culture. Ce parti pris est ce qui lui donne sa fécondité mais aussi ce qui risque de la limiter car elle est alors condamnée à décrire un domaine où cette dimension spirituelle n'existe pas si elle veut explorer la totalité de l'existence humaine. Lorsqu'elle se fait phénoménologie du corps, de l'être naturel, cette démarche affronte un « être sauvage » qui ne peut pas être traduit en mot. Cette limitation serait secondaire si on pouvait imaginer un partage des domaines de compétence dans lequel une philosophie serait capable de compléter la phénoménologie et de rendre compte de cet être naturel.

En réalité, ce partage reviendrait à opposer à nouveau le domaine du corps à celui de l'esprit alors que les actes de la conscience ne sont pas séparés de notre être naturel et même au contraire les présuppose. Par conséquent, la phénoménologie ne peut pas se contenter de décrire le domaine qui correspond à son cadre conceptuel puisque ses descriptions seront faussées tant qu'elles négligeront cet être naturel qui fonde ce domaine. Le penseur ne peut oublier que sa propre activité est soutenue par son corps et par toute cette activité biologique qui échappe à sa volonté et qui pourtant fusionne avec elle. Il faut donc remplacer ce partage des domaines par une pensée des médiations entre le domaine de l'esprit et le domaine de la nature, radicaliser une nouvelle fois la réflexivité de la phénoménologie pour atteindre ce reste sauvage qui nourrit la vie de la conscience et fonder paradoxalement une phénoménologie de ce qui échappe à la phénoménologie. Pour sortir de ce paradoxe, il faut en fait séparer les concepts issus la phénoménologie de leur intention initiale. Si cette philosophie a surtout décrit en quoi la conscience donnait dans chacun de ses actes un sens à la réalité, ce primat de la conscience constituante n'épuise pas le projet phénoménologique qui était avant tout une attention à la totalité de la vie de la conscience. Merleau-Ponty a donc essayé de renouer avec cette intention dans la *Phénoménologie de la perception* en portant son attention sur la passivité présente dans la vie intentionnelle. Malheureusement, il admettra dans les années cinquante que ses analyses seront insuffisantes tant qu'il restera tributaire de la philosophie du sujet qui accompagne la phénoménologie. Cette philosophie ne peut donc pas accomplir cette exigence d'accueillir ce qui lui résiste et devra être ultimement remplacée par une ontologie indirecte.

Vocabulaire

L'être naturel : Cet être est à la fois en nous, parce que je suis un corps, et en dehors de nous, c'est le monde que j'habite une fois dépouillé de tout ce qui a été introduit par la culture et l'histoire. En réalité, cette séparation de la culture et de la nature n'a pas lieu d'être car d'un point de vue phénoménologique je n'ai accès à la nature et même à celle de mon corps que par l'intermédiaire du monde culturel et, réciproquement, la culture n'est possible que si l'action humaine se sédimente dans la nature. J'expérimente la nature dans les phénomènes de passivité bien qu'elle soit aussi la condition de mon activité. La notion de nature nous invite à repenser autant les oppositions entre intérieur et extérieur, activité et passivité qu'entre matière et sens. En effet, seule une pensée qui donne un privilège exorbitant à l'être humain limite le domaine du sens à l'humanité. Au contraire, Merleau-Ponty repense cet être sauvage en le dotant d'un champ de significations qui est la source inépuisable du symbolisme humain.

Portée

Cet élargissement et le dépassement du cadre phénoménologique sont aussi une sortie de la philosophie de l'existence que Merleau-Ponty avait constituée. La radicalité de ses dernières avancées l'amène en effet à porter son attention au fond inhumain présent dans notre humanité sans que cela soit un reniement de l'humanisme. Peut-être plus modeste que l'humanisme de l'existentialisme en insistant sur tous ses moments de passivité qui fragilisent l'existence humaine, il est en même temps plus ambitieux en montrant notre communion avec ce qui n'est pas nous.

La réflexion

« *Il faut mettre la conscience en présence de sa vie irréfléchie dans les choses et l'éveiller à sa propre histoire, c'est là le vrai rôle de la réflexion philosophique et c'est ainsi qu'on arrive à une vraie théorie de l'attention.* »

Introduction, « L'"attention" et le jugement »,
Phénoménologie de la perception, p. 40.

Idée

Parce qu'elle reste prisonnière du primat de la connaissance, l'analyse classique de l'attention voit en elle le pouvoir de transformer une perception confuse en perception claire. Au contraire, si on veut comprendre ce que l'attention apporte à la perception, il faut analyser pour elle-même la vie irréfléchie de la conscience, sans interpréter cette non-réflexion comme un défaut mais comme une modalité spécifique de la conscience.

Contexte

Cette introduction de la *Phénoménologie de la perception* a une fonction critique qui complète la critique de la pensée causale de *La structure du comportement*. Merleau-Ponty reprend les différents concepts de l'intellectualisme et de l'empirisme afin de montrer qu'ils sont insuffisants pour penser les phénomènes de la vie psychologique et que par une dialectique interne leur utilisation rigoureuse les mène à leur propre dépassement, ce qui sera fait dans les parties suivantes de l'ouvrage par un dialogue approfondi avec les avancées de la psychologie et de la neurologie.

Commentaire

L'analyse de la notion d'attention marque un tournant dans l'introduction de la *Phénoménologie de la perception* car elle permet de montrer l'erreur commune de l'empirisme et de l'intellectualisme. En effet, l'analyse rapide des notions de sensations et d'associations dans les premières parties de cette introduction vise uniquement l'empirisme.

Au contraire, l'empirisme a peu de chose à dire sur l'attention car il ne peut pas expliquer ce qui motive cet acte de la conscience dans la perception et en quoi l'attention va enrichir cette dernière. Le déterminisme qu'il suppose dans le passage d'une perception à une autre et qui est lié à la dépendance de la perception vis-à-vis du monde objectif disparaît au niveau de l'attention. Cette dernière n'est possible que si on suppose une liberté du sujet qui n'apporte rien à la perception. L'intellectualisme peut donc affirmer qu'il rend mieux compte de l'attention puisqu'il y voit un éclaircissement, un passage de la confusion à la clarté. La vie irréfléchie ne trouve son achèvement que dans l'attention qui va lui révéler ce qu'elle contenait déjà implicitement.

Dans les deux cas, le fait même de porter attention n'a pas de réel effet car l'analyse réflexive met déjà dans la vie irréfléchie ce qu'elle trouvera dans l'attention. En fait, il ne faut pas séparer radicalement la vie irréfléchie et la vie attentive car il y a entre les deux une pulsation dont fait partie l'attention. Celle-ci ne se contente pas de préciser ce qui était confus comme peut le faire un microscope mais elle réorganise complètement le champ perceptif. Lorsqu'une perception attentive compte des éléments qui étaient perçus auparavant, elle commence par se doter d'un espace perceptif dans lequel les choses sont dénombrables alors que l'espace de la vie irréfléchie, plongée entièrement dans son projet moteur, les intégrait à un horizon. L'indétermination de la perception irréfléchie n'a donc de sens que pour la perception attentive qui peut se relier à l'histoire de la vie psychologique et donc à ses actes antérieurs. Il faut donc penser le rapport entre perception irréfléchie et perception attentive sous un mode dialectique puisqu'il y a autant un saut de l'un à l'autre qu'une reprise de la première perception dans la seconde.

Nous ne pouvons donc comprendre l'exactitude que peut atteindre l'attention et qui peut être considérée comme la première étape de la connaissance que si nous décrivons le monde habité par la vie irréfléchie dans toute sa spécificité. Seule cette description permettra de comprendre la véritable nature de l'attention et les transformations qu'elle produit dans le champ perceptif.

Vocabulaire

La réflexion : Merleau-Ponty a toujours entretenu un rapport ambigu à cette notion liée à la tradition cartésienne. Elle désigne à l'origine le retour sur soi d'un sujet et cherche à fonder notre perception du monde sur les actes de la conscience. Merleau-Ponty tentera de radicaliser cette réflexion pour atteindre ce qui fonde à son tour cette vie intentionnelle car l'analyse classique n'atteignait en réalité qu'une vie psychologique déjà élaborée par la réflexion et l'attention et elle avait par suite tendance à l'idéaliser. Au sens que lui donne Merleau-Ponty, la réflexion doit se mettre à l'épreuve de la vie irréfléchie et de la vie charnelle pour se faire interrogation au lieu de décrire ce qui lui est familier.

La vie irréfléchie : La notion de vie ne doit pas s'entendre ici dans un sens biologique mais existentiel et se définit avant tout par la temporalité qui donne à son histoire une unité. La vie est donc le mouvement même de l'existence qui oscille entre une vie biologique à la troisième personne, par exemple dans l'endormissement, et une vie à la première personne, par exemple dans l'attention où le sujet domine sa pensée.

Portée

L'usage de la notion de réflexion montre en quoi la pensée de Merleau-Ponty n'est pas inféodée à la phénoménologie de Husserl. Cette dernière est en réalité une méthode peu à peu abandonnée pour décrire le champ existentiel puisque ce souci de la vie irréfléchie crée un écart autant avec la tradition intellectualiste qu'avec la philosophie de Husserl, malgré l'apparition tardive de la notion de chair qui sera reprise par Merleau-Ponty.

> *La philosophie est l'ensemble des questions où celui qui questionne est lui-même mis en cause par la question.*

« Réflexion et interrogation », *Le visible et l'invisible*, p. 47.

Idée

La science et la philosophie réflexive classique sont des pensées du survol car elles se donnent un monde objectif qu'elles peuvent regarder en spectatrices. La philosophie quant à elle n'oublie jamais qu'elle fait partie de ce monde et ne doit jamais cesser d'interroger son lien avec lui. Lorsqu'elle est fidèle à sa vraie nature elle ne peut être qu'interrogative, interrogation sur soi, sur ses croyances, sur les mots que nous utilisons négligemment pour penser notre rapport au monde.

Contexte

Conçus comme la quête d'un nouveau départ, les premiers chapitres rédigés du *Visible et l'invisible* dialoguent avec les représentants de la philosophie moderne (Husserl, Sartre, Bergson) afin de résoudre ce paradoxe : comment penser philosophiquement et donc rationnellement cet être sauvage au fondement de notre vie et donc aussi de notre raison ? Son intransigeance amène ainsi Merleau-Ponty à remettre non seulement en question les fondements formulés par ses prédécesseurs pour penser la réalité mais aussi la possibilité d'exprimer ce fondement.

Commentaire

En affirmant la spécificité de la philosophie, Merleau-Ponty ne prétend pas émettre un jugement de valeur qui lui donnerait une position de supériorité par rapport à la science. En effet, la science est une pensée du survol qui croit pouvoir contempler le monde objectif comme un spectateur externe alors que la philosophie prend conscience que ce monde objectif est second par rapport à ce monde vécu qui n'est pas assimilable à un spectacle et dans lequel sujet et objet ne font qu'un. Même si la philosophie semble plus lucide que la pensée scientifique, la démarcation opérée par Merleau-Ponty est plus complexe et se situe à plusieurs niveaux.

Tout d'abord, il faut admettre que la science dans ses propres démarches dépasse cette pensée du survol. La physique moderne admet qu'il faut prendre en compte l'observateur dans la description de ce qui observé et que la mesure a une influence sur ce qui est mesuré. Ce même mouvement de réforme est présent dans la plupart des disciplines scientifiques or on peut observer un aveuglement de la pensée scientifique, surtout en psychologie et biologie, les sciences les plus proches du monde vécu, car leur philosophie spontanée ne correspond pas au vrai sens de leur démarche. Elles restent fidèles à une interprétation objectiviste du monde alors qu'elles se réalisent sous un mode relationnel. La crise des sciences réside donc plus dans cet aveuglement que dans leurs avancées concrètes.

La philosophie doit donc se mettre à l'école de ces avancées pour réveiller son interrogation et son insertion dans le monde n'est donc pas une supériorité mais une reprise de ce qui est latent dans les sciences. Passer du monde objectif au monde vécu, de la pensée de survol à cette pensée du lien ne revient pas à affirmer qu'il existe un domaine qui échappe à la raison car ce partage entre un domaine rationnel et un domaine non rationnel reviendrait à une nouvelle pensée du survol qui séparerait deux « choses ». Si elle se veut radicale, l'interrogation philosophique doit questionner les évidences utilisées par le philosophe pour construire sa vision du monde (ce qui est rationnel et irrationnel, psychologique et matériel…) et finalement réveiller l'interrogation fondamentale : qu'est-ce qu'un monde ? Cette interrogation revient à interroger la foi perceptive présente en chacun de nous, cette parole latente qui rend évident notre contact avec le monde et seule une nouvelle ontologie permettra de dépasser la contradiction présente dans la volonté d'exprimer ce qui précède le langage. Merleau-Ponty rejoint ainsi la démarche socratique de la connaissance de soi qui consiste moins à rejeter nos croyances naturelles qu'à leur redonner leur fluidité. En redevenant interrogation et non plus construction conceptuelle, la réflexion philosophique, que Merleau-Ponty nommera ultimement surréflexion, retourne à la source de toute signification, à ce moment situé au seuil du langage.

Vocabulaire

La philosophie : Pour Merleau-Ponty, la philosophie se confond avec l'activité réflexive car la modernité rend caduque l'opposition du rationalisme classique, qui prétendait construire une vision du monde indubitable, et le scepticisme. La démarche philosophique doit au contraire remonter à la source de toute vérité, c'est-à-dire l'existence irréfléchie. Pour réaliser son projet, elle doit aussi réfléchir sur elle-même et se transformer en interrogation. De plus, la philosophie n'est pas un domaine du savoir mais doit se mettre à l'écoute des autres domaines. Il faut donc intégrer la présence de la non-philosophie dans la définition de la philosophie elle-même.

Portée

La séparation entre la philosophie et les savoirs positifs dont fait partie la science a toujours été un enjeu de la définition de la philosophie et toute tentation de lui attribuer un domaine du savoir revient à nier cette démarcation. Ainsi le fait de la définir par un questionnement qui concerne le philosophe lui-même et ses propres constructions conceptuelles n'est pas simplement un aveu d'ignorance mais exprime au mieux ce que doit être cette pensée en mouvement.

L'ontologie indirecte

« *La philosophie est la remémoration de cet être-là, dont la science ne s'occupe pas, parce qu'elle conçoit les rapports de l'être et de la connaissance comme ceux du géométral et de ses projections, et qu'elle oublie l'être d'enveloppement, ce qu'on pourrait appeler la topologie de l'être.* »

Préface, *Signes*, p. 39.

Idée

Continuant son parcours, Merleau-Ponty essaie peu à peu de nommer cette pensée du lien qui doit remplacer la pensée du survol du rationalisme classique qui reste la philosophie spontanée de la science. Contre cet oubli du monde vécu, la philosophie doit se faire remémoration, reprise, réveil du pouvoir expressif de ce lien. Pour être capable de le penser, elle doit se donner des concepts pour penser autrement la relation et l'espace. Elle doit se donner une topologie.

Contexte

Cette préface du recueil *Signes* fait fonction de testament tout comme *L'œil et l'esprit* puisque ce sont les deux derniers textes publiés où Merleau-Ponty indique le chemin de sa dernière ontologie. Elle n'est pas seulement placée sous le signe de l'espoir mais elle a aussi un ton mélancolique car Merleau-Ponty revient sur sa rupture avec le marxisme et avec Sartre, deux pensées qui ont constamment alimenté son propre itinéraire dans un dialogue sans concession depuis les années trente.

Commentaire

La science et le rationalisme qui l'accompagne sont des pensées du survol, non pas au sens où elles se sont détachées de leur lien avec le monde naturel mais parce qu'elles l'ont oublié. La science est un oubli indispensable à la construction de son système théorique. Avec la thématique de la remémoration et implicitement de l'oubli, Merleau-Ponty reprend l'interprétation de la métaphysique par Heidegger qui la considère comme un oubli de l'être. Cet « être » est approché par Heidegger par l'expression « Il y a » car pour lui l'être n'est pas un étant, une chose, mais le fait qu'il y a des choses. Merleau-Ponty reprend cette analyse à l'intérieur de son approche de l'être naturel, sauvage qu'il qualifie ici d'être d'enveloppement. La science ne s'occupe que du monde objectif, d'un monde de choses mais elle est bien consciente qu'elle ne peut pas concevoir la connaissance du monde objectif comme un simple reflet de celui-ci car cette connaissance est toujours un certain point de vue sur ce monde. Cependant, elle conçoit toujours la connaissance et le monde connu comme deux entités séparées et va sortir du modèle idéal du reflet pour penser la relation entre le monde et la connaissance à partir de celle « du géométral et de ses projections ». Le monde en soi est un géométral dans le sens où il a une réalité indépendante de la perspective qu'on prend sur lui alors que la connaissance est une projection de ce géométral puisque les choses y seront perçues d'un certain point de vue et leur forme, leur mesure seront relatives à ce point de vue mais, malgré cette modestie qui ne recherche plus une connaissance absolue, la science reste une pensée du survol.

Merleau-Ponty utilise ici un vocabulaire géométrique pour penser la différence entre la science à la philosophie et on peut apercevoir l'influence du psychanalyste Jacques Lacan dans l'usage de la notion de « topologie ». En effet, cette science des lieux qui s'est développée en tant que branche spécifique des mathématiques moderne est avant tout citée ici en référence à l'usage qu'en a fait Lacan car ce dernier voit dans les espaces topologiques non-euclidiens un moyen de représenter les processus inconscients dans lesquels intérieur et extérieur n'ont pas à être séparés. Merleau-Ponty reprend cet usage pour penser une topologie de l'être dans laquelle la connaissance n'est plus séparée du monde connu. Il s'agit du monde vécu dans lequel sujet et objet ne sont pas séparés. L'activité réflexive traditionnelle est donc incapable d'atteindre cet être car elle est trop liée à l'activité d'un sujet et ne peut donc penser que le monde objectif. La réflexion vers laquelle tend Merleau-Ponty se rapproche donc d'une forme de contemplation au sens où il faut laisser l'être apparaître sans qu'elle soit une passivité mystique, ce qui explique l'usage du terme surréflexion pour désigner cette réflexion de la réflexion qui se libérerait de l'emprise d'une subjectivité dominatrice. Cette surréflexion permet donc de se remémorer cet être sauvage que nous habitons et qui est le sol véritable de la pensée.

Vocabulaire

Être d'enveloppement : À la fin de sa vie, Merleau-Ponty ne cesse de multiplier les expressions pour désigner ce sol de l'existence : être d'enveloppement, être sauvage, être de promiscuité. Elles font référence au monde vécu qui précède la description par le langage et la réflexion. La notion d'enveloppement suggère ici que cet être fait le lien entre toute chose. Plus précisément le lien est premier par rapport aux éléments qu'il relie, c'est pourquoi il précède les distinctions entre l'apparence et l'essence, la matière et l'esprit, entre le visible et l'invisible. Il contient déjà tous ces éléments mais non séparés.

Topologie de l'être : Cette mise en avant des métaphores spatiales, géométriques pour penser l'être montre la distance avec la *Phénoménologie de la perception* dont la philosophie de l'existence culminait avec une pensée du temps. Merleau-Ponty généralise les acquis de la psychologie de l'enfant montrant que l'espace psychologique de l'enfant n'est pas un espace métrique de type euclidien mais doit être pensé à travers les notions de voisinage, de projection et d'introjection, c'est-à-dire topologiquement. Plus largement, ce n'est pas seulement l'être-au-monde de l'enfant mais le contact de tout existant avec l'être qui est pensable par la topologie.

Portée

Le jeu de référence qu'on peut relever dans l'ensemble de l'œuvre de Merleau-Ponty indique ici que l'éloignement vis-à-vis de la phénoménologie husserlienne et de Sartre s'accompagne d'un rapprochement avec Heidegger et les avancées structurales (dont fait partie la psychanalyse lacanienne). Ce déplacement montre que cette pensée toujours en dialogue cherche de nouveaux schémas théoriques pour penser une approche de l'être libérée du primat de la subjectivité et de son corollaire, le monde objectif. Cette approche n'est pas un rejet du rationalisme classique mais une libération de l'être sauvage qu'il a oublié dans ses descriptions.

« *On ne peut pas faire de l'ontologie directe. Ma méthode "indirecte" (l'être dans les étants) est seule conforme à l'être.* »

« Notes de travail », *Le visible et l'invisible*, p. 233.

Idée

Les apories de la philosophie classiques au niveau ontologique ne sont pas seulement imputables à des philosophes incapables de s'affranchir de l'opposition entre le sujet et l'objet car l'oubli de l'être qui caractérise la pensée du survol est une tendance naturelle liée à la nature de l'être qui rend impossible toute description directe. La remontée vers l'être doit donc se faire indirectement, c'est une pensée inachevée qui doit passer par toutes les étapes avortées, maladroites pour l'approcher. Enfin, l'affirmation du caractère indirect de l'ontologie rend indispensable un dialogue avec toutes les disciplines qui étudient les manifestations de l'être.

Contexte

Cette citation fait partie d'une série de notes qui précède les premiers plans du *Visible et l'invisible*. Merleau-Ponty cherche encore à définir une méthode pour son ontologie et revient sur la notion de réflexion. Il approfondit alors le paradoxe qui consiste à vouloir décrire ce qui précède le langage sans le trahir.

Commentaire

Comment penser le fondement de toute existence ? Cette question engendre deux grands problèmes que Merleau-Ponty voulait affronter radicalement dans *Le Visible et l'invisible*. Tout le mouvement de la pensée moderne depuis Hegel montre qu'on ne peut plus séparer l'essence de l'existence puisque l'essence n'existe que dans sa manifestation. C'est pourquoi dans cette note de travail Merleau-Ponty ne cesse de parler de circularité pour désigner l'enchaînement des chapitres sur la nature, la vie, la psychologie, l'histoire... Chaque chapitre est anticipé par les précédents et chaque chapitre sera repris dans le suivant. Il y a dans la nature quelque chose que l'on retrouvera dans le vivant et dans celui-ci quelque chose que l'on retrouvera dans l'esprit. Il ne s'agit pas simplement d'une continuité car chaque niveau de réalité est un champ, une structure spécifique qui sera réélaborée dans le champ suivant. De plus, si l'être est dans les étants, il ne peut être décrit que de biais à travers les différentes couches de réalités (historiques, psychologiques, biologiques...) que l'on peut atteindre. S'esquisse ici l'aide apportée par l'art et la littérature pour amener à l'expression ce qui échappe à l'objectivation. Il serait cependant naïf de croire qu'elle permettrait de fusionner avec l'être comme l'a cru Heidegger dans la seconde partie de sa carrière. L'appel à l'ontologie indirecte est sans doute une critique de cette illusion à laquelle il a succombé.

Cette difficulté dans la progression de l'argumentation en englobe une seconde beaucoup plus délicate. L'être sauvage au fondement de la philosophie est un être silencieux et sa description dans un langage rationnel est donc condamnée à le trahir. En réalité, Merleau-Ponty ne conçoit pas cet écart entre le langage et l'être sauvage comme une imperfection mais l'a intégré à son projet ontologique Le reste qui ne pourra pas être décrit dans l'activité réflexive, si radicale soit-elle, n'est rien d'autre que l'être sauvage lui-même. Il y a donc selon Merleau-Ponty des couches de l'être sauvage qui ne seront atteintes que par les différentes profondeurs de la réflexion. Il se propose donc de reprendre la réduction phénoménologique non pas comme méthode pour atteindre un fondement absolu mais comme une étape dans la remontée vers ce sol originaire. On ne peut exprimer l'être comme on décrit une chose mais en portant à leur limite les capacités expressives du langage pour arriver à cet instant où ce qui lui échappe affleure dans la langue.

Vocabulaire

Ontologie indirecte : L'appel à l'ontologie indirecte a deux sens chez Merleau-Ponty. Dans la note que nous avons commentée, cet appel est lié à l'inachèvement essentiel de l'ontologie causé par l'écart entre l'être sauvage et l'être thématisé dans le langage. Dans un second sens, qui n'est pas étranger au premier, cet appel permet de relativiser la séparation entre savoir objectif et philosophie. Si l'être n'existe que dans l'étant, la philosophie doit se mettre à l'écoute du non-philosophique (la science, la culture, la politique) pour décrire progressivement les modalités de l'être, de ses « dimensions », notion fondamentale de l'ontologie de la chair qui clôture le parcours de Merleau-Ponty.

Portée

Le passage de la phénoménologie à l'ontologie montre en quoi le parcours de Merleau-Ponty n'est pas un reniement mais un approfondissement. Les thèses soutenues dans la *Phénoménologie de la perception* doivent être dépassées car elles ne thématisent ni l'enracinement dans l'être sauvage du sujet qui perçoit ni l'écart entre le langage utilisé dans ses analyses et ce qu'il décrit. L'ontologie indirecte peut donc reprendre les analyses du précédent ouvrage mais à l'intérieur d'une pensée des origines dans laquelle la reprise n'est pas une répétition mais devient invention.

2. L'existence

La conscience et le monde

> « *Ma liberté, le pouvoir fondamental que j'ai d'être le sujet de toutes mes expériences, n'est pas distincte de mon insertion dans le monde.* »

Partie II, Chapitre IV : « Autrui et le monde humain »,
Phénoménologie de la perception, p. 413.

Idée

Loin d'être un pouvoir qui nous détacherait du monde, la liberté n'est que le nom qui désigne le rapport de l'être humain et de sa subjectivité au monde.

Contexte

Lorsqu'il analyse notre expérience d'autrui dans *La phénoménologie de la perception*, Merleau-Ponty isole la difficulté qui conduit nécessairement à une théorie solipsiste et qui consiste à situer la subjectivité humaine et la liberté hors du monde. Pour qu'autrui ne soit pas simplement un spectacle pour ma conscience, il faut redéfinir la subjectivité et son rapport au monde.

Commentaire

Un des enjeux de la philosophie du vingtième siècle est de réussir à développer une théorie de la liberté qui sort de l'opposition entre la négation de la liberté par le déterminisme et son affirmation dans l'idée d'un libre-arbitre. Selon cette alternative, soit on considère l'être humain comme un être naturel et donc soumis au déterminisme présent au sein de la nature, soit on attribue sa liberté à une partie de son être qui échappe à la nature mais qui par conséquent devient inexplicable.

Merleau-Ponty affirme l'existence de la liberté humaine car l'être humain n'est jamais purement passif face à ses expériences mais est condamné à toujours prendre parti, à accepter ou nier, à donner une valeur à ce qu'il vit. Cette appropriation constante de ce que nous vivons n'est pas un repli vers notre vie intérieure car même le refus d'une situation revient à lui préférer une autre situation, qu'elle soit réelle ou simplement possible. La situation n'est pas simplement pensée comme ce qui doit être changé mais elle est vécue comme telle. Exister consiste ainsi à être donné à soi-même et à exprimer la valeur que je donne au monde.

Cet engagement dans le monde ne doit pas être compris comme un emprisonnement puisque l'homme n'est pas dans le monde de la même manière que les choses. En fait, seul l'homme a un monde car être dans le monde signifie être ouvert à lui. Le monde est l'horizon constant de sa vie subjective alors qu'une chose est repliée sur elle-même et est indifférente au monde. Pour reprendre un exemple de Merleau-Ponty, je peux tout à fait mettre de côté le monde social qui m'environne sans que cela soit un détachement total. Cela signifie en fait que contre le monde social j'ai choisi le monde naturel.

En conséquence, il faut plutôt penser la liberté comme une reprise de ce qui m'est donné et non pas comme création arbitraire. La liberté, la conscience ne s'atteignent jamais directement. Si elles sont notre insertion dans le monde, elles se retrouvent à travers lui et son épaisseur. Cette dernière crée une certaine opacité dans la conscience et l'empêche de connaître entièrement ce qui motive son action mais c'est aussi ce qui lui permet de retrouver une autonomie en se l'appropriant. Si le monde n'avait pas cette épaisseur, il serait monolithique. Nous en serions soit prisonniers soit détachés. Merleau-Ponty anticipe ici ce que développera Paul Ricœur dans sa conception du volontaire comme reprise d'un involontaire.

L'originalité de cette conception est de penser simultanément la liberté et le monde, celle-ci surgissant toujours dans le monde et celui-là étant toujours perçu à travers ma liberté.

Vocabulaire

La liberté : Dans un sens existentialiste, la liberté se confond avec le mouvement même de l'existence car elle n'est pas une propriété que je pourrais ou non utiliser. Exister c'est être libre sans que cela soit une puissance arbitraire qui me permettrait de choisir sans raison. La liberté est la non-indifférence puisqu'étant ouvert à un monde je communie avec lui. J'ai une certaine connaissance tacite de tous ses éléments parce que je suis ouvert à lui mais cette non-indifférence signifie aussi que mon inscription dans le cours du monde crée une déviation, un point de vue, une ligne temporelle qui m'est propre et dans laquelle certaines parties du monde sont valorisées au détriment des autres.

Le sujet : Cette notion exprime à elle seule le déplacement de la pensée de Merleau-Ponty et toute l'ambiguïté de ses relations avec Sartre. En effet, si ces deux auteurs forgent au début des années quarante la notion d'existence pour exprimer le lien entre l'individu dans le monde et éviter ainsi l'opposition entre sujet et objet, Merleau-Ponty ne se satisfait de cette première approche. Il retiendra jusqu'à la fin l'existence d'une ipséité propre à notre humanité mais considérera que la notion d'existence ne permet pas d'éviter les ambiguïtés de la notion de sujet qui sont à l'origine des difficultés présentes dans la philosophie dualiste de Sartre. La pensée de l'existence sera peu à peu remplacée par une pensée du lien et d'une intercorporéité.

Portée

S'inspirant de la conception relationnelle de la subjectivité mise en avant par la phénoménologie de Husserl, Merleau-Ponty s'écarte des conceptions classiques de la liberté qui la conçoivent comme un pouvoir d'agir arbitrairement. Au contraire, elle est spécifiquement humaine non pas parce que l'homme échappe au monde et à son déterminisme mais parce qu'il ne s'y rapporte pas de la même façon que les choses. L'homme apparaît à partir du monde. Il s'ouvre à lui-même en s'ouvrant au monde.

« *La conscience peut vivre dans les choses existantes, sans réflexion, s'abandonner à leur structure concrète qui n'a pas encore été convertie en signification exprimable.* »

Chapitre IV : « Les relations de l'âme et du corps et le problème de la conscience perceptive », Partie II, *La structure du comportement*, p. 239.

Idée

Il serait illusoire de penser que la conscience fait de l'homme un être toujours actif. La vie de la conscience est un va-et-vient entre activité et passivité et dans ce dernier cas elle peut quasiment s'oublier pour tomber dans l'irréfléchi. Elle est alors au plus près des choses et le monde de la signification qui est le sien n'est plus qu'un monde confus et évanescent.

Contexte

Véritable œuvre inaugurale, *La structure du comportement* est un livre étonnant utilisant les travaux psychologiques et neurologiques contemporains ainsi que leurs concepts, encore prisonniers de la pensée causale, afin de comprendre la vie de la conscience. Le tort de cette pensée est d'exagérer l'importance du cas-limite où la conscience est quasiment explicable à partir du monde des choses pour en faire l'expression de la totalité de la vie consciente.

Commentaire

Traditionnellement, on conçoit la conscience comme une faculté représentative. Avoir conscience serait donc se représenter mentalement ce que je pense. Dans ce cas, la conscience ne peut pas exister sans réflexion puisque si elle produit ses représentations, elle doit savoir qu'elle les produit. Seule une chose peut être inconsciente. Mais, dès son premier ouvrage, Merleau-Ponty a toujours essayé de penser la conscience en introduisant en elle une passivité et, pour cette raison, il a toujours été soucieux de prendre en compte les pathologies qui perturbaient les relations entre conscience, corps et monde même si ces phénomènes de passivité apparaissent aussi dans le comportement normal.

Dans cette citation, Merleau-Ponty évoque l'activité la plus rudimentaire et irréfléchie de la conscience. Elle est alors au plus près des choses et il semblerait que la pensée causale ait raison de partir de ces phénomènes (par exemple le schéma stimulus-réponse) pour fonder sa théorie de la conscience or on ne peut pas réellement comprendre un comportement en le décomposant en une série de réponses déclenchées chacune par une cause spécifique comme on peut le voir chez Pavlov. La notion de structure issue des travaux de neurologie et de la psychologie de la Forme va s'avérer essentielle pour dépasser le point de vue causal et expliquer en quoi le comportement et le monde dans lequel l'homme agit sont toujours organisés. En effet, on ne peut séparer le comportement de la perception. Ma conscience n'est pas une perception qui transformerait le monde en spectacle mais m'ouvre à un champ d'actions. C'est pour cela que je ne perçois pas des choses isolées mais un monde structuré. Notre liberté se joue dans la relation entre la structure de mon comportement et la structure du monde perçu et plus la structuration du comportement est complexe, plus il gagne en autonomie. Au contraire, dans la vie irréfléchie sa structure se simplifie au point de s'identifier à la structure des choses même si la simple présence de la structure témoigne qu'il s'agit bien des choses perçues et non simplement de choses réduites à leur matérialité. Qu'elle soit celle du monde ou du comportement, la structure possède toujours un sens comparable à une pellicule qui nous sépare à jamais des choses et les cas-limites utilisés par la pensée causale ne dépassent jamais complètement cette frontière.

Vocabulaire

La conscience : La particularité de l'approche de la conscience par Merleau-Ponty réside en sa volonté de ne pas survaloriser son pôle réflexif mais d'examiner sa présence même dans les sensations les plus archaïques. La conscience est avant tout une conscience incarnée et finalement l'intentionnalité et l'ouverture au monde par lesquelles la phénoménologie définit la conscience deviendront dans sa pensée une des caractéristiques du corps. Dans ses derniers textes, Merleau-Ponty déplacera encore sa pensée et la conscience ne sera plus du tout le témoin du pouvoir fondateur de la subjectivité mais le simple témoin de la visibilité, de l'intentionnalité de l'être lui-même.

La signification : S'il n'est pas un philosophe de la conscience, Merleau-Ponty a toujours été celui du sens, ce qui l'a rendu très vite sensible aux travaux de linguistique et d'anthropologie et à l'art, bien que son opposition à la pensée intellectualiste lui évite de chercher la nature de la signification uniquement dans ses expressions les plus élaborées mais aussi dans la dimension expressive du comportement. Le sens apparaît dans la perception d'un monde structuré car cette structure crée des écarts, des différences entre les éléments du monde (ainsi Ferdinand de Saussure montrait déjà que les signes désignant une femme n'ont de sens que par différence avec ceux désignant un homme). À partir des années cinquante, Merleau-Ponty va chercher cette origine du sens dans un certain nombre d'institutions résultant d'actions sédimentées dans le domaine de l'art et de la politique par exemple.

Portée

Cette citation délimite le questionnement qui alimentera la pensée de Merleau-Ponty jusqu'à sa mort. Tout en partant de la philosophie intellectualiste puis de la phénoménologie, deux pensées où la conscience prétend dominer son vécu, Merleau-Ponty va explorer l'affaissement de la conscience vers le monde des choses afin d'atteindre son fondement le plus primitif mais jamais dénué de signification puisque les textes suivants montreront que la parole, la science et l'art puiseront dans ces significations archaïques.

> *Notre être au monde est le porteur concret de ce double anonymat.*

Partie I, Chapitre III : « La liberté »,
Phénoménologie de la perception, p. 512.

Idée

Le fait d'exister dans un monde est paradoxal car notre expérience personnelle provient de deux pôles anonymes. Je suis à la fois une conscience tellement individuelle qu'elle se résume au pronom « Je » sans qu'il soit possible de préciser quel est ce « Je » et des caractéristiques générales que nous partageons avec les autres.

Contexte

Extraite du dernier chapitre de *La phénoménologie de la perception*, cette citation se situe au moment où Merleau-Ponty définit sa philosophie existentialiste et la distingue prudemment de celle de Sartre. En effet, Merleau-Ponty ne pouvait pas achever son premier grand ouvrage de philosophie sans une réflexion sur la liberté mais loin de l'identifier à la manière sartrienne au surgissement d'un projet singulier, il insiste sur tout ce qu'elle porte d'anonyme.

Commentaire

L'homme est au monde. Les autres choses sont dans le monde. Elles sont fermées sur elles-mêmes et leur essence ne dépend pas de leur relation au monde alors que l'homme est une conscience, il est donc ouvert sur le monde.

Une vision abstraite de la vie de la conscience peut nous faire croire que la conscience, ce pouvoir de dire « Je » nous donne une singularité et une vie intérieure qui nous oppose à ce monde or mon expérience concrète n'est en fait jamais celle d'une pure conscience car cette conscience n'aurait aucune identité. Tout ce qu'on pourrait affirmer d'elle c'est qu'elle est un « Je » tellement abstrait qu'il est identique à tous les autres, c'est une conscience anonyme, une marque qui désigne l'individu humain. Si j'ai une identité, c'est que je possède certaines caractéristiques, j'appartiens à une classe sociale, j'ai certaines qualités morales… Pourtant je serais incapable de donner par moi-même un sens à ces notions. Elles viennent de ce que Merleau-Ponty appelle un « halo de socialité ». Elles n'ont de sens que dans des rapports inter-individuels et ne me sont attribuées que par la vue qu'autrui a sur moi mais cela ne signifie pas qu'elles me sont imposées de l'extérieur. Si j'en fais l'expérience en tant que partie intégrante de mon identité, c'est que la vue qu'autrui a sur moi est déjà une composante de ma subjectivité, de mon être au monde. Le moi n'émerge donc qu'à partir d'un monde anonyme rempli de généralités. Je ne suis ni ce « Je » anonyme ni un reflet de ce monde anonyme, je vis concrètement l'épaisseur dans laquelle je peux distinguer ces deux polarités. La présence d'une dimension anonyme dans ma subjectivité n'est pas le signe d'une existence inauthentique, incapable d'assumer sa singularité mais indique ce qui constitue à la fois sa force et sa fragilité, c'est-à-dire son « retard » par rapport à ce qui est déjà là. Je suis toujours déjà constitué mais grâce à ma conscience je peux toujours m'échapper de ce qui m'est donné.

La description de mon être au monde à partir de cette position intermédiaire et non plus simplement à partir de ces deux pôles permet de dépasser l'opposition entre une conception purement active de la subjectivité et une conception purement passive car elle est toujours une reprise de ce qui est déjà constitué. Seul un point de vue idéaliste sur l'existence oppose ces deux dimensions de notre subjectivité et transforme notre conscience en spectatrice du monde. De même, ce point de vue est incapable de comprendre ce que signifie « se choisir », avoir une certaine manière d'être au monde et décompose l'existence en une série d'actes que je déciderai à chaque fois abstraitement. L'unité d'une vie se construit dans cette série indéfinie de reprises qui sont autant d'apparitions de la liberté humaine, de cette manière singulière que chacun a d'être au monde.

Vocabulaire

Être au monde : Ce concept provient de la philosophie de Heidegger et sert avant tout dans les philosophies de l'existence à distinguer ontologiquement l'être humain des autres êtres, ces derniers sont dans le monde alors que seul l'homme est au monde. Être dans le monde signifie être « posé » dans un contenant, le monde, tout en étant indifférent à lui. Au contraire, l'homme est au monde dans le sens où il est toujours ouvert sur ce dernier, il se soucie de lui. Parce que l'homme a une conscience, sa vie est solidaire de la vie du monde ; plus précisément, son existence se constitue en s'engageant dans le monde.

Anonymat : Merleau-Ponty se distingue des autres philosophies de l'existence et de l'importance donnée à la singularité en faisant de l'anonymat un concept constitutif de la subjectivité. Loin de considérer l'anonymat et le commun comme des caractéristiques d'une existence amoindrie, inauthentique, ces notions servent à l'inverse à indiquer en quoi la singularité émerge toujours à partir d'un monde, naturel ou culturel, partagé.

Portée

À la suite de la citation précédente, on peut remarquer que Merleau-Ponty ne cesse de tirer toutes les conséquences de son intuition inaugurale selon laquelle il est impossible de comprendre la vie subjective si on commence à l'opposer à la réalité puisqu'elle s'enracine dans le monde. Merleau-Ponty ne cessera d'explorer cette profondeur de la subjectivité jusqu'à la nommer « chair » dans l'ontologie qu'il développera au soir de sa vie.

Le corps

> « *La fusion de l'âme et du corps dans l'acte, la sublimation de l'existence biologique en existence personnelle, du monde naturel en monde culturel est rendue à la fois possible et précaire par la structure temporelle de notre expérience.* »

Partie I, Chapitre I : « Le corps comme objet et la physiologie classique », *Phénoménologie de la perception*, p. 100.

Idée

Abandonnant la juxtaposition classique de l'âme et du corps qui rend impossible une compréhension adéquate de leur relation, Merleau-Ponty inscrit ces deux pôles de notre existence dans une structure temporelle composée de rythmes différenciés qui peuvent se nouer plus ou moins fugacement.

Contexte

Dans les deux premières parties de *La phénoménologie de la perception*, Merleau-Ponty reprend les analyses de la psychologie et de la neurologie afin de dégager les fondements phénoménologiques de leur description du corps vécu, tout en laissant une part essentielle à la passivité présente au sein de l'existence.

Commentaire

Le langage nous habitue à concevoir notre existence en juxtaposant deux éléments : le corps et l'esprit, la nature et la culture. Si parlant soit-il, ce cadre conceptuel nous empêche de penser le lien entre ces éléments et rend inconcevable la possibilité d'une véritable expérience de leur unité, de leur « fusion ». La description existentielle de Merleau-Ponty refuse ces oppositions statiques et abstraites pour leur préférer le mouvement de l'existence construit sur une diversité de niveaux de réalité.

L'intellectualisme et le mécanisme scientifique sont des théories insuffisantes parce qu'elles supposent soit un dualisme spontané qui affirme l'existence d'une vie de l'esprit différente de la vie du corps, une vie psychologique personnelle à côté d'une vie biologique impersonnelle soit un matérialisme non moins naïf qui définit notre être uniquement par la nature et le corps alors qu'aucune de ces hypothèses n'éclaire l'existence concrète.

Il faudrait encore expliquer comment le corps et l'esprit peuvent ne faire plus qu'un dans l'action et comment la nature peut être dépassée, sublimée pour se transformer en culture, même s'il faudrait en même temps admettre que cette fusion et ce dépassement sont précaires et voués à retomber dans le cours naturel des choses.

Afin de décrire au mieux ces phénomènes, Merleau-Ponty part de certains vécus qu'on peut qualifier de « limites » comme celui du membre fantôme ou du refoulement dans le but d'éclairer le vécu « normal » sans pour autant les confondre. Dans le refoulement, qui symbolise le non-acte, l'individu reste figé dans un présent dont l'avenir a été barré par incapacité à dépasser le conflit inconscient entre le désir et la censure. Son existence à la première personne, celle qu'on peut qualifier de psychologique, s'est fixée à jamais dans ce présent alors que son existence biologique à la troisième personne continue de s'écouler. Ces deux temporalités sont donc ici désynchronisées, ce qui entraîne un comportement stéréotypique, seul comportement possible pour un individu dont l'acte ne peut être l'expression d'un avenir à la première personne. Par la dégradation subjective qu'il rend visible, le refoulement montre que la pointe personnelle et la pointe impersonnelle de notre existence ne sont que les deux extrémités d'un feuilletage de temporalités qui ne se superposent pas nécessairement de façon linéaire, puisque le refoulement indique que le biologique reste voué à la linéarité lorsque le psychologique s'appauvrit en répétition. Le point de vue phénoménologique part de la « structure temporelle de l'expérience » au lieu d'adopter un point de vue statique pour décrire tout le champ de l'action, qu'elle soit l'expression entière de notre liberté ou son échec lors du refoulement.

Vocabulaire

Monde culturel : Un monde n'est pas simplement ce qui existe mais un réseau dont les éléments sont interdépendants et s'indiquent mutuellement, ce qui lui confère une certaine cohérence. Parmi les mondes existants, celui de la culture est constitué des expériences, normes, techniques et institutions d'une collectivité qui se sont sédimentées de génération en génération. Si chacun de ces éléments pris un à un peut être expliqué à partir du monde naturel ou du monde psychologique de quelques individus isolés, leur relation à l'intérieur de ce monde culturel ne peut être comprise qu'en référence à cette collectivité.

Portée

En formulant le problème du rapport entre l'âme et le corps à partir de la dimension temporelle du vécu, Merleau-Ponty est proche des analyses de Bergson. En réalité, Merleau-Ponty esquisse une voie propre en insistant sur la fragilité de la reprise de notre existence biologique par notre subjectivité. Le temps et la synthèse présente dans chaque présent sont à la fois ce qui me permet de m'approprier ce qui me constitue et ce qui m'empêche de m'en rendre définitivement maître. Cette description des conjonctions et disjonctions entre les différents éléments du vécu libère Merleau-Ponty des philosophies du sujet.

« *La conscience est originellement non pas un "je pense que", mais un "je peux".* »

Partie I, Chapitre II : « La spatialité du corps propre »,
Phénoménologie de la perception, p. 160.

Idée

Poursuivant son détachement (qui est en même temps une appropriation) de la tradition cartésienne, Merleau-Ponty ne met plus la pensée au fondement de la subjectivité mais la remplace par l'activité du corps afin de dégager une intentionnalité motrice. La conscience devient donc une puissance qui est autant puissance d'agir que de penser.

Contexte

Afin de sortir de l'analyse intellectualiste de la perception, dont on pourrait le croire l'héritier après sa critique acerbe du mécanisme scientifique dans *La structure du comportement*, Merleau-Ponty écarte la notion de représentation car cette notion fait de la perception un aspect de la pensée abstraite. Le rejet de la vie intérieure redonne au corps la place qui lui revient dans l'analyse de la conscience.

Commentaire

En affirmant que la conscience est intentionnalité, qu'elle toujours conscience de quelque chose, Husserl opère un déplacement par rapport à un cartésianisme qui sépare la conscience et le monde. Avec la phénoménologie, la conscience devient relation au monde, elle vise le monde ou plutôt elle est cette visée. Cependant Husserl reste l'héritier de Descartes lorsqu'il définit cette conscience par rapport à un « je pense ». La conscience est toujours conscience d'un sujet, d'un esprit. Le rapport entre ce « je » et le monde, entre l'intérieur et l'extérieur est donc toujours inexpliqué et la notion d'intentionnalité n'est qu'un mot pour désigner ce problème sans le résoudre.

Afin de sortir de cette impasse, Merleau-Ponty choisit un autre point de départ pour définir la conscience. Elle n'est plus l'acte d'une pensée, d'une vie intérieure mais est immédiatement liée au corps, c'est l'ouverture du corps au monde. Ce qui différencie mon corps d'un objet inerte est bien cette attention à ce qui n'est pas lui alors qu'un objet inerte est plongé dans une nuit éternelle. Il est indifférent à tout car incapable de tout lien. Il ne faut cependant pas croire que ce qui nous relie au monde soit une simple pensée. Avant même de penser le monde j'agis sur lui avec mon corps, j'habite le monde. Par suite, Merleau-Ponty infléchit la notion d'intentionnalité pour en faire une dimension du corps vécu. Voir le monde, ce n'est pas se le représenter abstraitement, mais se projeter en lui car il est le lieu de mes actions possibles. La vision n'est pas comparable à un tableau car la troisième dimension m'indique les prises de mon corps sur les objets qui m'entoure. Il ne s'agit pas seulement de dire que toute vision est intéressée, déformée par mes désirs. Plus profondément, à un niveau qu'il faut qualifier de métaphysique, ce qui m'est visible exprime mon degré de puissance, ma puissance d'agir sur le monde, ma puissance de le sentir, de le penser comme si le monde et le corps ne faisaient qu'un, sauf dans les cas de défaillance où la désynchronisation du corps et du monde montre qu'une unité originaire s'est perdue. Pour cette raison, apprendre un mouvement n'est pas une appropriation intellectuelle de certaines positions de mon corps dans un espace géométrique, c'est intérioriser une certaine manière d'habiter le monde. Lorsque cette habitation n'est plus possible, il est alors nécessaire de recourir à cet apprentissage abstrait qui consiste à se représenter le mouvement et ensuite à essayer de l'appliquer sur certains mouvements de notre corps. Le corps redevient alors cet objet impersonnel qui fait obstacle à l'action volontaire. La précarité de cette intentionnalité motrice est en effet liée à l'enracinement du corps dans une vie impersonnelle et biologique bien que cette dernière soit elle-même la condition d'émergence de cette intentionnalité. Une fois apparue, cette intentionnalité redéfinit le monde en une série de zones d'ombre ou de lumière qui sont autant d'expressions de mes projets moteurs possibles. Mon existence n'est donc pas celle d'une conscience incarnée mais celle d'une conscience par essence charnelle. Si on ne prend pas en compte la présence du corps, on ne peut donc pas comprendre la perception et on risque de la concevoir comme une représentation passive alors qu'elle dessine toujours une virtualité de mouvements, comme si mon corps devenait la texture du monde.

Vocabulaire

Intentionnalité motrice : En inventant cette notion, Merleau-Ponty est peut-être plus fidèle à l'inspiration husserlienne qu'aux écrits de ce dernier. Le trajet vers les choses mêmes ne peut plus s'appuyer sur un moi abstrait qui risque de renvoyer la phénoménologie vers un intellectualisme contraire à sa véritable portée mais sur une conscience qui possède la même texture que le monde. L'intentionnalité motrice est ainsi la projection de mon corps et de ses actions dans le monde et non l'ouverture au monde d'une conscience désincarnée repliée dans son monde intérieur et ses représentations. Cette projection motrice donne une signification au monde et définit ma façon d'habiter le monde.

Portée

L'intérêt de cette mise en avant du corps est d'opérer une véritable subversion de la tradition idéaliste car la priorité donnée au corps n'est pas comprise chez Merleau-Ponty à partir de la matière mais à partir de la subjectivité. Plus qu'une solution, cette intuition d'un « corps-conscience » exigera de Merleau-Ponty une refonte complète de ses positions philosophiques et donc de la tradition cartésienne dont il est issu à travers la notion de chair.

L'inconscient

« *La sexualité n'est ni transcendée dans la vie humaine ni figurée en son centre par des représentations inconscientes. Elle y est constamment présente comme une atmosphère.* »

Partie I, Chapitre V : « Le corps comme être sexué »,
Phénoménologie de la perception, p. 196.

Idée

La sexualité, ce royaume du désir, ne doit pas être abordée à partir de l'opposition entre subjectivité et objectivité entre le spirituel et le corporel et n'est ni une pure fonction biologique dépassée, maîtrisée par notre vie psychologique, ni un ensemble de pensées, de fantasmes inconscients détachés du corps. Ce royaume se confond avec l'existence elle-même, c'est sa manière d'être, ce que suggère le terme « atmosphère ».

Contexte

Ce chapitre essentiellement centré sur la psychanalyse de Freud et la Daseinanalyse de Binswanger ouvre de nouvelles perspectives par rapport aux analyses précédentes. *La phénoménologie de la perception* ne dépassait pas complètement l'opposition entre le biologique (valorisé par le point de vue mécaniste) et le spirituel (valorisé quant à lui par le point de vue intellectualiste) et n'arrivait pas à se placer pleinement dans un point de vue pleinement existentiel car ce prisme existentiel était incomplet tant qu'il négligeait l'omniprésence du désir.

Commentaire

Fidèle à sa méthode de relecture des acquis les plus récents des sciences de l'homme qui aboutira au projet d'ontologie indirecte, Merleau-Ponty se devait de prendre position par rapport à l'anthropologie sous-jacente à la psychanalyse freudienne, d'autant plus qu'elle essaie elle aussi de repenser les relations entre l'âme et le corps. L'intérêt de la psychanalyse est de distinguer la sexualité humaine d'une simple fonction biologique. Lorsqu'on naturalise la sexualité, on la sépare de l'existence, on la conçoit comme une fonction inscrite objectivement dans le corps et qui sera satisfaite, modérée ou rejetée. Pourtant, il ne faut pas non plus adopter une conception diamétralement opposée, c'est-à-dire intellectualiste. En effet, voulant arracher la sexualité du biologique, Freud adopte un vocabulaire ambigu qui suggère qu'elle n'est qu'un ensemble de pensées inconscientes. Dans ce cas, elle appartient uniquement au domaine du psychologique et se distingue uniquement de nos pensées volontaires par son caractère inconscient.

Au contraire, il faut peut-être être plus freudien que Freud lui-même et mesurer pleinement la portée de son pansexualisme. Si tout est sexuel, la sexualité n'est ni derrière nous, dans un fond biologique impersonnel, ni en nous, dans une partie enfouie de notre esprit. La sexualité est omniprésente, elle se confond avec la totalité de l'existence comme une « atmosphère ». Cette métaphore suggère un type d'existence qui n'a pas la matérialité de l'objet, une présence pure. La sexualité est une tonalité de notre manière d'habiter le monde et c'est pour cette raison que tout comportement a une signification ambiguë, à la fois expression de la volonté humaine et expression d'un érotisme latent. Seule cette omniprésence du sexuel donne sa légitimité à une psychanalyse pleinement existentielle, projet que Sartre et Binswanger ont réalisé l'un et l'autre à leur manière. La sexualité étant congruente à la totalité de l'existence, son dysfonctionnement peut avoir autant des conséquences psychologiques que somatiques.

De plus, cette interprétation existentielle de la sexualité donne une forme concrète à l'intentionnalité motrice précédente qui se transforme en intentionnalité désirante. Le monde n'est pas rempli de la carte abstraite de mes mouvements virtuels mais des choses, des êtres, des activités investis par mon désir. De plus, la notion d'atmosphère nous permet d'éviter un contresens sur l'intentionnalité. Il ne s'agit pas d'une intention volontaire que je pourrais ou non avoir mais elle est la respiration de mon existence. Le désir est le symbole le plus clair de cette passivité fondamentale présente dans la subjectivité.

Vocabulaire

La sexualité : Reprenant l'intuition centrale du freudisme, Merleau-Ponty distingue le sexuel et le génital. La sexualité ne se réduit pas à l'acte sexuel et encore moins à la fonction reproductrice. Affirmer qu'il y a un érotisme latent dans chacune de nos actions signifie que ces dernières sont toujours porteuses d'un double sens. Derrière le projet conscient qu'elles réalisent, il y a un surplus de plaisir qui est mêlé à tous les fantasmes et souvenirs infantiles que la psychanalyse mettra à jour. L'individu n'est donc pas un être humain qui a aussi une sexualité mais il est avant tout un être sexuel parce que le désir est son lien le plus profond avec le monde. Évidemment, cette reprise existentielle du sexuel peut échouer en cas de pathologie, redonnant ainsi à cette fonction biologique toute son autonomie.

Portée

Par sa capacité à faire converger la tradition cartésienne, dont il hérite à travers la phénoménologie, et son antithèse freudienne, Merleau-Ponty ouvre la voie à une exploration de l'existence allégée des présupposés de la notion de sujet et capable de rendre compte de toutes ses dimensions polysémiques et passives bien que la pauvreté du langage, prisonnier de la binarité (corps-esprit, intérieur-extérieur) le contraigne à recourir régulièrement à des métaphores comme celle d'atmosphère pour approcher l'essence de l'existence humaine et de notre rapport au monde et aux autres.

« *Pour rendre compte de cette osmose entre la vie anonyme du corps et la vie officielle de la personne, qui est la grande découverte de Freud, il fallait introduire quelque chose* entre *l'organisme et nous-mêmes comme suite d'actes délibérés, de connaissances expresses. Ce fut l'*inconscient *de Freud.* »

« L'homme et l'adversité », *Signes*, p. 374.

Idée

Ce nouveau regard porté sur le désir doit s'accompagner d'une refonte de l'anthropologie. La notion freudienne d'inconscient servira ainsi à la libérer de l'opposition entre une vie biologique anonyme et une vie psychologique personnelle et socialisée.

Contexte

Dans « L'homme et l'adversité », Merleau-Ponty entreprend un bilan des acquisitions de la philosophie contemporaine et le renouvellement de la description de l'être humain dans les sciences de l'homme afin de proposer un nouveau cadre pour penser les relations entre le corps et l'esprit.

Commentaire

L'œuvre freudienne s'inscrit dans le mouvement de renouveau du vingtième siècle et elle est animée par le questionnement qui parcourt l'ensemble des sciences de l'homme. Selon Merleau-Ponty l'effervescence théorique de ces disciplines tient à la remise en question de la distinction traditionnelle du corps et de l'esprit. Selon ses propres termes, cette distinction revient à penser l'homme soit à la troisième personne, soit à la première personne. Le point de vue de la troisième personne isole le corps comme être objectif, biologique qu'on explique par un mécanisme plus ou moins raffiné. On observe alors « la vie anonyme du corps » mais cette description négligeant tout le domaine de la subjectivité il est tentant d'adopter le point de vue de la première personne. Ce point de vue du « Je », mis en avant par la tradition cartésienne, rend compte de ce vécu, du savoir sur nous-même qui nous accompagne et décrit « la vie officielle de la personne ». La notion de personne implique aussi une dimension morale dans cette description puisque le point de vue du « Je » introduit l'existence d'une liberté à l'origine des « actes délibérés » dont nous sommes responsables. Dans un point de vue, je suis entièrement passif et de l'autre entièrement actif. Or ces deux points de vue ne sont pas considérés comme faux par Merleau-Ponty mais sont vrais dans ce qu'ils affirment et faux dans ce qu'ils nient. Leur insuffisance tient à leur négation de l'autre point de vue puisque l'ambiguïté qui définit l'existence humaine est liée à « l'osmose » entre le point de vue à la troisième personne et celui à la première personne. L'homme n'est jamais totalement passif ni totalement actif. Il est les deux à la fois, son activité émerge d'un fond de passivité et sa passivité n'est qu'une dégradation de son activité et l'intérêt de Merleau-Ponty vis-à-vis de la psychanalyse vient de l'effort de Freud pour explorer et décrire ce niveau intermédiaire qui est le véritable point de vue existentiel sur l'homme, ce qui donne toute son importance à la notion d'inconscient. Grâce à elle, Freud découvre que la vie humaine est tout à la fois entièrement remplie de significations et entièrement explicable par des forces mécaniques, qu'elles soient psychiques ou biologiques. Cette attention au freudisme n'est pourtant pas une acceptation complète de la théorie freudienne, le terme « inconscient » désignant plus une question qu'une réponse. En effet, Freud lui-même a toujours affirmé le caractère hypothétique et provisoire de sa théorie de l'inconscient et Merleau-Ponty rejette le vocabulaire scientiste de Freud. Il y a donc un impensé de la théorie freudienne que la philosophie de l'existence doit mettre à jour en explorant le lien indissoluble entre inconscient et pulsion. Le concept de pulsion, représentant psychique d'une excitation somatique selon la définition freudienne, est cette nouvelle figure du corps vécu. Dans cette perspective, la notion d'inconscient désigne moins un non-savoir qu'une passivité originaire, métaphysique qui précède les oppositions de l'activité et de la passivité, du corps et de l'esprit et qui nous oblige à repenser l'idée même de subjectivité.

Vocabulaire

L'inconscient : Ce terme désigne avant tout cette région intermédiaire entre le corps et la vie consciente où se situe notre vraie vie existentielle et est donc impensable pour les philosophies dualistes. Sa pertinence pour Merleau-Ponty lui vient de son nouveau point de vue sur le désir, qui n'est ni une stimulation mécanique du corps, ni une volonté de notre esprit, mais une passivité originaire déjà remplie de toutes les significations de notre être et de notre passé et qui transcende l'opposition entre activité (de l'esprit) et passivité (du corps).

Portée

La philosophie de Merleau-Ponty ressemble à une spirale. Magnétisée, questionnée par le nœud de l'âme et du corps qui définit l'existence, elle interroge les apports de chaque discipline pour les attirer dans sa spirale. Contrairement à Alain et Sartre, Merleau-Ponty se sépare de la méfiance inhérente à la philosophie de la conscience pour se mettre à l'école de la psychanalyse. L'inconscient freudien devient alors pour lui un des nombreux éléments de la pensée du lien apte à remplacer les vieux dualismes.

La chair et le visible

« *L'épaisseur de chair entre le voyant et la chose est constitutive de sa visibilité à elle comme de sa corporéité à lui ; ce n'est pas un obstacle entre lui et elle, c'est leur moyen de communication.* »

« L'entrelacs – le chiasme », *Le visible et l'invisible*, p. 178.

Idée

Ce qui nous sépare de la chose perçue n'est pas un obstacle qui fausse la perception mais en est la condition de possibilité. L'idée même d'une perception qui ne serait pas située dans un endroit de l'espace et liée à une perspective est un non-sens qui empêche de comprendre la visibilité du monde. La perception n'est pas l'acte d'un sujet qui devrait approcher au plus près des choses comme s'il en était séparé dans un premier temps mais c'est le monde qui rend visible la chose en ouvrant une distance entre elle et moi. Il me transforme en sujet voyant en même temps qu'il transforme la chose en objet visible.

Contexte

Le visible et l'invisible a un double statut dans le parcours de Merleau-Ponty puisque cet ouvrage est à la fois l'aboutissement de ses précédentes tentatives pour penser l'existence dans ce qu'elle a de plus immédiate et leur refonte complète. Abandonnant définitivement les philosophies de la conscience dans les premiers chapitres, il décrit comment ce qui est vu émerge de la chair du monde, du visible avec toute l'épaisseur qui en constitue la texture.

Commentaire

Pour la conscience naïve, la perception est la relation d'un sujet avec un objet perçu. Idéalement, rien ne devrait s'interposer entre les deux pour que la perception soit la plus objective possible, c'est-à-dire la plus fidèle à l'objet et à son géométral. Par conséquent, le fait que toute perception soit toujours liée à une perspective précise par son lien à un corps qui a une place dans le monde devient un défaut qui m'empêche de voir l'objet dans sa totalité. De plus, entre mon corps et la chose perçue s'intercale toute l'épaisseur du monde qui transforme la grandeur, la couleur de l'objet ou qui peut même disposer des objets entre nous. Mon corps, ces objets sont ainsi autant d'obstacles matériels qui nuisent à la pureté de la perception et que la réflexion philosophique et l'observation scientifique devront écarter.

Même si cela est en partie vrai pour la science, Merleau-Ponty va revaloriser philosophiquement cette distance qui me sépare de l'objet. Il ne se contente pas d'affirmer qu'elle est indépassable car ce constat reviendrait simplement à affirmer la finitude de la perception humaine mais en fait sa condition de possibilité car cette épaisseur du monde témoigne de ma présence en lui. La chair du monde est ce qui rend possible la visibilité des choses, le fait que je peux explorer le monde de perspective en perspective. Cette notion nous éloigne de toute philosophie du sujet car elle invite à penser une visibilité qui apparaît au creux de l'être, comme si le sujet et l'objet étaient seconds et n'apparaissaient qu'en quittant la communion qu'ils avaient dans la vie irréfléchie.

La chair est aussi ce qui fait que mon corps est un être sensible, dans le sens où il peut sentir (voir, toucher, entendre…) parce qu'il peut avant tout être senti à son tour perspective par perspective. La réversibilité du sentant et du senti est l'essence même de ma corporéité et de la chair du monde. De plus, cette notion permet à Merleau-Ponty d'atteindre le vrai sens de la réflexion. La réflexion philosophique ne peut être pensée qu'à partir de cette réversibilité et non pas dans l'opposition entre un sujet et un objet. Il y a ainsi une convergence entre la méthode de la surréflexion et l'ontologie de la chair. Par exemple, la réflexion sur soi doit être autant une vision de soi-même qu'une vision de cette pensée qui réfléchit.

En employant l'expression « moyen de communication » pour désigner la relation entre le corps et la chose perçue, Merleau-Ponty suggère que le monde ne s'offre pas au corps comme un spectacle dont je serais séparé. Rejoignant l'identification précédente de la conscience à un « je peux » cette expression indique que cette chair étant l'étoffe commune de mon corps et de la chose perçue est ce qui permet à mon corps de comprendre de manière intuitive cette chose, de pouvoir anticiper le géométral à partir des perspectives possibles sur l'objet. Merleau-Ponty réussit donc à dépasser le problème classique de la transcendance de la chose perçue, de son extériorité par rapport au sujet qui semblait rendre impensable la perception d'un objet séparé du sujet, en expliquant cette transcendance non pas par une séparation mais au contraire par une appartenance commune à l'épaisseur de la chair du monde.

Vocabulaire

La chair : La chair est le concept fondamental de l'ontologie finale que Merleau-Ponty n'a malheureusement pas eu le temps d'explorer entièrement et qu'il nous a légué tel un nouveau territoire philosophique et constitue l'être même du monde. L'utilisation d'un terme évoquant plutôt un être vivant pour désigner la texture même du réel permet d'insister sur le dynamisme de l'être. Cette notion signe aussi le divorce définitif de Merleau-Ponty avec les philosophies dualistes et ouvre la possibilité enfin d'une philosophie du lien puisque cette chair est ce fonds commun par lequel le corps et l'esprit, le sujet et l'objet, moi et autrui ainsi que le concret et l'abstrait communiquent.

Portée

L'apparition de cette notion dans la philosophie de Merleau-Ponty explique à elle seule ce qu'est une invention philosophique car créer un concept ne revient jamais à présenter une vision du monde achevée. Le concept est porteur d'un nouveau regard, d'une nouvelle façon d'interroger le réel. Le caractère énigmatique de la notion de chair et plus précisément de l'expression « chair du monde » nous oblige à revoir la distinction entre l'inerte et le vivant et au-delà toutes les autres alternatives mais cette énigme efface en retour certains problèmes qui paraissent insurmontables tels ceux engendrés par l'analyse de la perception car il n'y a plus de problème de la perception dès que nous comprenons que la chose vue émerge de la visibilité de la chair du monde au lieu d'apparaître à la conscience d'un sujet.

« *Le "rayon du monde" est non synthèse et non "réception" mais* ségrégation *i.e.*[1] *suppose qu'on est déjà* dans le monde ou dans l'être. »

« Notes de travail », *Le visible et l'invisible*, p. 295.

Idée

Si la chair du monde est le concept fondamental de l'ontologie, la perception doit être pensée comme ségrégation dans le sens où la chose perçue semble se distancier du reste du monde sans perdre pour autant ce lien avec lui qui l'insère dans les rayons du monde qui rendent possible les multiples perspectives sur elle. Par conséquent, la perception ne dépend ni du sujet ni de l'objet mais du monde visible.

Contexte

Les notes de travail que Claude Lefort a ajouté à la fin du manuscrit du *Visible et l'invisible* sont les ultimes tentatives de Merleau-Ponty pour explorer ce territoire de la chair. Même si elles ne sont sans doute pas l'équivalent de ce que Merleau-Ponty aurait pu rédiger, elles annoncent ce que peut être une philosophie du lien qui s'inspire des acquis les plus radicaux de Husserl et de Heidegger à la lumière de la catégorie de la chair.

Commentaire

La forme polémique de cette phrase dans une note de travail qui n'était sans doute pas destinée à devenir publique montre le style philosophique de Merleau-Ponty. Conscient qu'il y a toujours un retard du penseur par rapport à la tradition, la philosophie doit être un effort pour s'arracher de l'insuffisance des conceptualisations héritées.

1. *id est* : c'est-à-dire.

La conscience naïve conçoit le sujet percevant et la chose perçue comme deux êtres séparés et la reconstruction artificielle de leur lien conduit à deux philosophies, l'intellectualisme et l'empirisme. L'intellectualisme conçoit la perception comme un jugement. La conscience va synthétiser des sensations pour construire une forme, une essence de l'objet qui rendra raison de tous les points de vue possibles sur lui. On assiste donc à un mouvement du sujet vers l'objet. Au contraire, l'empirisme décrira un mouvement de l'objet vers le sujet puisque ce dernier recevra des impressions venant de l'objet dans un certain ordre que la connaissance aura pour fonction d'expliciter.

L'ontologie de la chair élaborée par Merleau-Ponty ne consiste pas à rejeter la conscience naïve mais à la saisir avant toute réflexion dans son immédiateté. Dans ce cas, sujet et objet ne sont pas séparés mais appartiennent à la même chair, au même visible. La perception ne se fait ni du côté du sujet, ni du côté de l'objet, elle se fait entre les deux, dans l'être même et c'est pourquoi Merleau-Ponty emploie le terme de ségrégation pour décrire ce processus qui est le seul à rendre compte de notre appartenance au monde. Ici, Merleau-Ponty achève la transformation de l'intentionnalité husserlienne qu'il avait inaugurée dès la *Phénoménologie de la perception*. L'intentionnalité n'est plus seulement une intentionnalité motrice ou érotique, dans les deux cas une intentionnalité charnelle, mais l'intentionnalité de l'être lui-même. Ce n'est pas la conscience qui s'ouvre à l'être, qui l'éclaire en le visant, c'est l'être lui-même qui s'ouvre, sujet et objet émergeant de cette ouverture. Merleau-Ponty ne développe pas une théologie de la nature qui lui attribuerait une âme car cette ouverture est liée à la réversibilité, au chiasme essentiel de la chair et le sentant et le senti ne sont que deux pôles réversibles de son épaisseur.

Il faut enfin considérer la notion de « rayon du monde » qui fait partie de tout le vocabulaire emprunté à la géométrie dans les dernières avancées de Merleau-Ponty. Cette notion a pour fonction d'éviter la réduction du visible à ce qui est actuellement vu. Les autres perspectives possibles sur l'objet, les différentes grandeurs de l'objet ne sont pas simplement des perceptions imaginées. Elles appartiennent déjà au monde et constituent la part d'invisible qui accompagne ce qui est actuellement visible. L'invisible n'est pas la négation du visible mais selon son expression le degré zéro du visible. L'existence de degrés de visibilité évoque la notion phénoménologique d'horizon qui désigne tout ce qui accompagne la perception explicite, les « bords » de cette dernière qui anticipent les perceptions futures.

Vocabulaire

Rayon du monde : Cette série de perspectives que peut prendre un objet et les associations possibles de ses caractéristiques avec celles des autres objets du monde ne sont pas des abstractions construites par l'esprit mais sont des rayons du monde qui ont une pleine réalité. Si la notion de rayon fait référence à l'idée de cercle, de centre, c'est que mon corps est bien ce centre d'où rayonnent toutes les choses visibles dans le sens où les choses se détachent de mon corps par sa sensibilité. La sensation ne doit donc plus être considérée comme un rapprochement mais paradoxalement comme une séparation. La notion de rayon du monde désigne donc tous ces processus de séparation et de rapprochement entre mon corps et les choses et entre les choses elles-mêmes.

Portée

Ce renversement de l'intentionnalité ne fait plus de ce processus un acte de la conscience mais de l'être lui-même et la ségrégation des choses à partir du dynamisme propre à la chair montre le profond naturalisme qui anime les dernières avancées de Merleau-Ponty. Cependant, ce naturalisme n'est pas un retour aux philosophies de la totalité car ce visible est toujours lié à un invisible qui lui donne sa profondeur inépuisable et n'est donc pas la totalité close, harmonieuse qu'on retrouve dans certaines conceptions cosmologiques.

« *La perception est non perception de* choses *d'abord, mais perception des* éléments *(eau, air…) de* rayons du monde, *de choses qui sont des dimensions, qui sont des mondes, je glisse sur ces "éléments" et me voilà dans le* monde, *je glisse du "subjectif" à l'Être.* »

« Notes de travail », *Le visible et l'invisible*, p. 271.

Idée

Le dépassement de l'opposition entre l'empirisme et l'intellectualisme ne peut pas se faire si le lien entre la chose et l'idée, le concret et l'abstrait n'est pas repensé. Contrairement à la conscience naïve qui identifie le concret au particulier, l'ontologie de la chair qui se veut à l'écoute de notre contact immédiat aux choses affirme que ce qui est perçu se situe entre le particulier et l'universel. Nous percevons des éléments et non des choses séparées et, en ce sens, l'idée est aussi concrète que les choses sensibles si on conçoit leur source commune dans les « dimensions » de l'être.

Contexte

Cette note sur la dimensionnalité de l'Être est sans doute celle où Merleau-Ponty décrit le plus explicitement à quel niveau métaphysique il faut situer son ontologie de la chair qui n'est ni un matérialisme ni un rationalisme affirmant l'existence d'idées désincarnées. Ce texte nous introduit au dépassement de l'opposition entre le particulier et l'universel que voulait proposer Merleau-Ponty.

Commentaire

Lorsqu'il veut préciser la notion de chair qu'il introduit dans ses écrits les plus tardifs, Merleau-Ponty reprend le terme d'élément présent dans la philosophie antique et tombé en désuétude afin de se démarquer de la métaphysique classique. Ces éléments du réel, tels l'air, l'eau, le feu et la terre, ne doivent pas être compris uniquement comme des composants matériels qui formeraient les choses par une combinaison quasi chimique. Au contraire, il faut les considérer comme des universels incarnés. Ces éléments sont l'objet immédiat de la perception qui ne perçoit des choses singulières que dans un second temps, quand elle n'est plus dans l'immédiateté mais déjà dans la réflexion. L'ontologie de la chair nous invite donc à une véritable conversion du regard car la conscience naïve est déjà une conscience réfléchie qui perçoit des choses singulières. Cette dernière peut donc faire un contresens sur l'intentionnalité de l'être que veut promouvoir Merleau-Ponty et revenir à une forme d'empirisme qui définit la perception par l'action des choses sur nos sens. La perception brute dévoilée par cette conversion du regard n'est pas simplement la perception de sensations mais est déjà dotée d'une signification invariante qui résiste à toutes les perspectives et qui est la raison profonde des liens entre l'objet et le reste du monde par le jeu des ressemblances (ce qui est le cas par exemple du « petit pan de mur jaune » évoqué par Marcel Proust à propos du tableau de Vermeer *La vue de Delft* qui trouve autant une résonance dans les états d'âme du narrateur que dans le jaune du soleil). La dimensionnalité de l'être est donc un associationnisme renouvelé qui ne fait plus dépendre les liens entre les objets du rapprochement hasardeux des perceptions mais des structures présentes à différents niveaux du réel. L'attraction exercée par les recherches structurales sur la pensée de Merleau-Ponty peut paraître étonnante si on continue de la situer dans les philosophies qui font de la conscience l'origine de l'abstraction. Au contraire, penser le monde à partir de la structure et de ses dimensions c'est se situer à un niveau qui n'est ni celui de la sensation brute ni celui du concept mais celui du sens incarné, d'une expression qui n'est plus construite, maîtrisée par l'homme mais qui est présente dans la réalité elle-même. Penser en terme d'élément ou de structure c'est accepter un domaine du sens qui ne peut pas être pleinement explicité de façon discursive et formalisée mais qui peut avant tout être montré, présenté avant d'être représenté conceptuellement. Pour cette raison, le structuralisme ne doit être réduit à un formalisme s'il veut rendre compte de notre appartenance au monde.

Vocabulaire

Dimension : La dimension est une manière d'être, une stylisation qui dépasse le simple cadre spatio-temporelle de la chose. Elle entre en communication avec nous car notre corps étant fait de la chair du monde il est porteur de toutes les dimensions de l'être et nous permet de comprendre le sens de la chose perçue, son style d'être. Cette dimension est ce qui sera extrait par le peintre et l'écrivain car elle est la source de l'expressivité de l'être.

Élément : reprise explicitement de la philosophie antique, cette notion est un quasi synonyme de la notion de dimension dans les derniers textes de Merleau-Ponty. Elle est surtout utilisée pour dépasser l'opposition du sensible et de l'intelligible présente dans la métaphysique classique et appréhender un niveau du sens qui serait celui d'un universel charnel.

Portée

La spirale qui définit la pensée de Merleau-Ponty ne doit pas être pensée sous le signe de l'inachèvement car elle a réellement trouvé son centre. Mot-énigme, la notion de chair ouvre déjà un territoire philosophique rigoureux où la pensée trouve son véritable sol sans être condamnée à se transformer en science formalisée puisqu'elle pourra explorer les dimensions de l'être grâce à l'ontologie indirecte et la surréflexion.

3. La création du sens

L'énigme de Cézanne

« *Il ne veut pas séparer les choses fixes qui apparaissent sous notre regard et leur manière fuyante d'apparaître, il veut peindre la matière en train de se donner forme, l'ordre naissant par une organisation spontanée.* »

« Le doute de Cézanne », *Sens et non-sens*, p. 18.

Idée

Cézanne, le peintre par excellence pour Merleau-Ponty, dépasse l'opposition des styles réaliste et impressionniste, de la représentation d'une réalité objective et de la représentation d'une apparence subjective car il concentre son effort dans l'expression de la naissance des choses, de ce moment où elles surgissent du fond indistinct de la réalité.

Contexte

L'article « Le doute de Cézanne » a retenu l'attention de beaucoup de lecteurs de Merleau-Ponty car il montre l'importance de la réflexion sur la peinture pour sa pensée de la perception mais aussi celle de Cézanne qui va devenir le peintre par excellence situé au seuil de la peinture contemporaine. Merleau-Ponty ne cessera de revenir sur ces deux thèmes dans ses cours et son œuvre écrit jusqu'à l'ouvrage final *L'œil et l'esprit*.

Commentaire

Ce premier texte sur la peinture et Cézanne tente de décrire la spécificité de ce peintre en abordant à la fois sa différence avec l'impressionnisme et le rapport entre sa vie et son œuvre. Pour comprendre le premier point, il faut dans un premier temps cerner la nouveauté de l'impressionnisme et sa différence avec le réalisme. Ce dernier a inspiré l'impressionnisme en portant son intérêt sur les scènes de la vie quotidienne (scène de la vie paysanne, enterrement…) et cherche à représenter objectivement la réalité par exemple en traçant le contour des objets pour symboliser leur unité telle qu'elle existe réellement.

L'impressionnisme prend une autre voie pour représenter l'impression qui est la dimension la plus subjective de la vie quotidienne. Cette volonté de revenir à une perception naïve et non intellectualisée semble correspondre à la recherche de Merleau-Ponty mais, en réalité, ce courant passe selon lui à côté de la perception. En abandonnant le contour, en essayant de décomposer les objets en une série de vibrations colorées (cette vibration étant créée en juxtaposant des couleurs complémentaires au lieu de peindre directement avec leur mélange), les impressionnistes déconstruisent la perception et font la même erreur que les empiristes : ils n'y voient qu'un ensemble de sensations. L'impressionnisme est un dogmatisme du sujet tout comme le réalisme est un dogmatisme de l'objet.

Une des multiples raisons de l'intérêt que Merleau-Ponty porte à Cézanne est son anticipation de la phénoménologie et de la philosophie de l'existence au niveau pictural. En effet, il dépasse l'opposition entre le réalisme (qui représente « les choses fixes qui apparaissent ») et l'impressionnisme (qui s'intéresse à « leur manière fuyante d'apparaître ») car ce qui est premier ce n'est l'objet ni le sujet mais le monde. Cézanne veut rendre présent « un morceau de nature ». Le réalisme et l'impressionnisme n'arrivent pas à atteindre la nature car ils se focalisent sur des êtres figés (l'objet ou le sujet) alors que Cézanne cherche au contraire à capter l'émergence de l'objet, ce moment où il émerge du fond indistinct du monde pour devenir visible et s'isoler du reste, ce moment où il y a une « organisation spontanée ». De là vient la nécessité de redonner une matière au tableau. Cette épaisseur permet à l'objet de crever la toile, d'imposer sa présence sans être premier par rapport au sujet. Dans ce chaos de couches de peinture qui prennent forme, Cézanne reproduit la co-naissance du sujet et de l'objet présente dans toute perception et s'intéresse moins au résultat de cette mise en forme, ce qui le ferait retomber dans le réalisme, qu'à ce mouvement d'auto-organisation. L'épaisseur, au sens littéral, de ses tableaux, l'attention à la peinture comme matière sont des éléments essentiels pour réveiller la profondeur du réel. Le peintre devient spectateur, non au sens où il est dans l'ignorance de l'œuvre finie mais au sens où la réussite picturale redonne une véritable vie à la réalité peinte.

Vocabulaire

Organisation spontanée : Les termes « organisation », « structure », « forme » parcourent tout l'œuvre de Merleau-Ponty, lui permettant de dépasser l'opposition du sensible et de l'intellectuel car l'organisation est une essence charnelle. La réalité étant elle-même organisée, elle est un réservoir de sens. Sa spontanéité est primordiale car l'expressivité de l'être désigne le moment où des éléments séparés se coordonnent, se répondent pour former un tout, un sens qui pourra être repris et sédimenté. Dans son approche à la fois intellectuelle et sensible de la peinture, Cézanne cherche aussi à capter cette auto-organisation du réel, ce qui l'oppose à l'éparpillement des sensations mis en avant par les impressionnistes.

Portée

Cette citation montre que la philosophie de l'art de Merleau-Ponty est avant tout une réflexion sur l'acte créateur et le rapport de l'œuvre d'art à la réalité et que la dimension esthétique au sens classique (c'est-à-dire les effets de l'art sur le spectateur) est négligée au profit de sa dimension ontologique. Merleau-Ponty n'élabore pas une théorie globale sur l'art mais prend l'art comme modèle pour enrichir son analyse du monde perçu, du statut du philosophe et enfin de la notion d'expression.

> « *L'artiste selon Balzac ou selon Cézanne ne se contente pas d'être un animal cultivé, il assume la culture depuis son début et la fonde à nouveau, il parle comme le premier homme a parlé et peint comme si l'on n'avait jamais peint.* »

« Le doute de Cézanne », *Sens et non-sens*, p. 24.

Idée

L'artiste est un être de culture qui a un statut paradoxal car il ne peut se contenter de continuer la tradition. Pourtant son travail est plus rétrospectif que prospectif, il cherche moins à faire progresser la culture qu'à retrouver ce moment où personne n'avait encore parlé ou peint, ce moment de contact naïf avec les choses. Son acte créatif est donc avant tout un retour aux origines.

Contexte

À partir de l'exemple de Cézanne, Merleau-Ponty se propose pour la première fois de penser l'historicité de la culture. Le choix de ce peintre éclaire moins la continuité de la culture, sa traditionnalité que ses moments de rupture. Ainsi, l'essai sur Cézanne se transforme en une véritable analyse de la fonction de l'artiste dans la culture.

Commentaire

Tout homme apparaît dans une culture déjà présente. Il y a quelque chose d'institué avant lui, des couches de significations qui lui permettent d'habiter le monde avec ses contemporains. Il sait par évidence comment la colère apparaîtra sur le visage de quelqu'un et ce que peut évoquer chaque couleur. Il vit dans un monde de significations transmises par les générations précédentes et qui se confondra avec ses gestes les plus quotidiens. L'artiste fait partie de cette culture et s'est souvent approprié les grandes œuvres de l'esprit.

S'il est peintre au dix-neuvième siècle, il connaît les grands maîtres de la Renaissance et de l'âge classique. Il est donc un « animal cultivé » et s'est installé dans la tradition de son domaine créatif, bien que cela ne suffise pas pour définir son statut d'artiste.

Son rôle est de réveiller l'essor créatif présent dans la culture. Paradoxalement, cela l'oblige à assumer sa culture tout en la rejetant et seul ce paradoxe permet de comprendre la recherche picturale de Cézanne. Comme Merleau-Ponty le précisera dans son cours sur l'institution au Collège de France, l'histoire des arts peut être décrite comme des séries de solutions à des interrogations qui parcourent les siècles. Le peintre doit reprendre à son compte cet effort d'interrogation, ce qui sera le cas avec Cézanne pour le problème de la représentation de l'espace, sans que cette gestion de l'héritage culturel ne se transforme en répétition. Ce retour vers la tradition dans ce qu'elle a de plus vivante et aussi un retour à ce qu'il y a avant la tradition. Merleau-Ponty utilise ici implicitement des dichotomies qu'il développera ultérieurement telles celles de l'institué et de l'instituant, de la parole parlée et de la parole parlante pour penser la dialectique entre la culture déjà faite et la culture à faire. L'artiste doit revenir à ce moment où l'art interrogeait le réel pour reprendre à son compte cet effort de recherche. Ce retour au début de la culture ne doit pas s'entendre dans un sens chronologique mais est un retour aux questions fondamentales qui animent cette culture. Évidemment, cette sortie de la tradition n'est pas sans risque et Merleau-Ponty montre qu'il n'est pas certain que l'artiste trouve quelque chose. De même que la première parole prononcée pouvait rester un cri si elle n'était pas capable de réveiller une signification, chaque acte créatif peut rester un chaos de couleurs. Cette proximité avec le désordre qui caractérise la peinture de Cézanne qui réussit toujours au seuil de l'échec est sans doute ce qui en fait un peintre exemplaire mais aussi ce qui l'a voué à la solitude et au jugement social qui le considérait comme un fou.

Vocabulaire

Animal cultivé : Cette expression paraît maladroite chez un auteur qui a toujours évité les dualismes et d'autant plus l'idée que la culture est un complément de notre aspect naturel et animal. Elle est donc utilisée pour souligner l'appropriation des grandes œuvres culturelles par certains d'entre nous et en particulier par les artistes. En effet, les analyses de Merleau-Ponty se sont toujours moins concentrées sur les pratiques quotidiennes présentes dans une culture qu'à sa dimension plus intellectuelle. Ce choix n'est pas lié à l'affirmation d'une hiérarchie entre les différents éléments d'une culture mais a sans doute deux motivations. Il est plus simple de suivre les évolutions de la culture dans le domaine artistique et intellectuel pour comprendre les parts respectives de la rationalité et de la contingence dans cette historicité. De plus, l'analyse du *cogito* dans la dernière partie de la *Phénoménologie de la perception* porte moins sur sa vérité métaphysique que sur le texte écrit par Descartes en tant qu'objet culturel. Il y a ainsi dans ces analyses de la culture une grande part de réflexivité qui permettent à Merleau-Ponty de penser sa place dans la tradition philosophique et son statut d'« animal cultivé ».

Portée

La plongée dans le laboratoire de l'acte créatif de Cézanne est l'occasion de montrer les résonances entre l'art et la perception. Merleau-Ponty s'inscrit dans la tradition qui remonte pour notre époque à Rimbaud et Bergson selon laquelle l'artiste est un « voyant ». Cependant Merleau-Ponty n'oppose pas une vision habituelle et rationnelle à une vision plus intuitive propre à l'artiste mais se contente d'exposer la logique présente dans la vision artistique car cette opposition donne une dimension trop mystique à l'art sans l'expliquer. La vision de l'artiste interroge l'être et reprend cette interrogation qui parcourt la culture.

> « *La vérité est que* cette œuvre à faire exigeait cette vie. »

« Le doute de Cézanne », *Sens et non-sens*, p. 26.

Idée

Le doute, la solitude et les bizarreries de Cézanne ne sont ni une dimension pathologique de sa vie ni la cause mystérieuse de son œuvre. Il est plus pertinent de les considérer comme la condition de cette dernière car seul un être qui accepte un certain détachement vis-à-vis du monde pouvait recommencer la peinture. La solitude devient ainsi une vertu artistique et donne une valeur symbolique à Cézanne : il incarne au plus haut point le statut de peintre.

Contexte

Depuis le dix-neuvième siècle, les débats sur les rapports entre la vie et l'œuvre font souvent office de tribunal car soit la vie servait à discréditer l'œuvre, soit elle devenait une nécessité impérieuse qui l'expliquait entièrement. Merleau-Ponty rejette ces deux types de causalité et cherche à appréhender une convergence entre une trajectoire psychologique et une recherche artistique qui peut prendre la forme d'un appel moral.

Commentaire

Existe-il un lien entre la psychologie de Cézanne, ses hésitations qui ont ponctué son parcours pictural et ses tableaux ? La psychologie héritée du dix-neuvième siècle et pressée de comprendre la vie et les créations d'un artiste a utilisé les notions d'hérédité et de constitution comme schéma explicatif. Ces notions donnent à la vie et à la création de Cézanne une nécessité qui s'apparente à un destin. La constitution schizoïde de Cézanne qui écarte la signification commune du monde perçu pour le réduire à un ensemble d'apparences devient ainsi une cause à l'origine de l'ensemble de ses tableaux et l'artiste est transformé en un simple automate mu par sa pathologie.

Merleau-Ponty ne nie pas la présence d'une constitution schizoïde, ni la présence d'un lien entre cette constitution et la trajectoire créatrice de Cézanne mais il va réinterpréter ces notions. Dans un premier temps, il donne une dimension métaphysique à la constitution psychologique de Cézanne. Ce n'est plus un trouble, un manque insensé mais une des possibilités de l'existence humaine, c'est une manière d'être au monde. Merleau-Ponty affronte ici les deux problèmes qui seront ceux de Sartre dans sa biographie de Flaubert *L'idiot de la famille*: Comment expliquer l'apparente harmonie entre une pathologie et la transformation de l'individu en artiste ou en écrivain ? Et comment expliquer la convergence entre une trajectoire individuelle et une trajectoire collective qui fait que la littérature attendait un écrivain comme Flaubert ? Il y a bien sûr des éléments héréditaires dans l'individu Cézanne mais Cézanne n'est devenu lui-même qu'en unifiant tous ses éléments épars à partir d'un projet, en leur donnant un sens qui définit sa manière d'être au monde. Il faut donc admettre que Cézanne se confond avec sa schizoïdie, elle exprime son projet tout comme ses tableaux. Il faut réintroduire la notion d'organisation, de forme pour comprendre l'émergence du projet car les éléments innés qui composent la factualité de Cézanne n'ont pas d'incidence tant qu'ils ne sont pas repris en même temps que dépassés dans le projet qui les organise. Par conséquent, on peut tout à la fois les retrouver dans la constitution schizoïde de Cézanne ou son activité picturale (ses hésitations sans fin, son utilisation très charnelle de la peinture...) sans qu'ils en soient les causes.

Tout comme dans la *Phénoménologie de la perception*, Merleau-Ponty va reprendre les intuitions freudiennes pour développer ce lien entre facticité et projet. Même si chacune des interprétations de Freud peut être remise en question par leur caractère réducteur, son intuition centrale est indépassable. Une vie a une unité parce qu'elle est une série de reprises, de répétitions, d'échos et parce qu'il n'y a pas de hasard en elle. La liberté de Cézanne se trouve alors dans la reprise de son hérédité par ce projet qu'il l'a rendu autant schizoïde qu'inventeur d'un nouveau style pictural.

On peut cependant se demander si cette invention aurait pu être le fait d'un autre peintre et Merleau-Ponty doit ici résoudre le second problème qu'il a en commun avec Sartre. Il va de soi que cet inventeur aurait pu ne pas s'appeler Cézanne mais tout comme le style de Cézanne est l'expression de la peinture de la fin du dix-neuvième siècle et n'aurait pas pu être inventé avant, il exprime une certaine psychologie et exigeait une nature schizoïde. Cette manière d'être au monde était seule capable de saisir les apparences au moment de leur émergence. C'est sans nul doute une des raisons fondamentales qui rend Cézanne si singulier aux yeux de Merleau-Ponty. Seule une vie, une constitution comme la sienne lui a permis de revenir à l'origine de la tradition pour recommencer la peinture et devenir le peintre par excellence de notre modernité.

Vocabulaire

Exigence : La notion d'exigence rend compte des rapports entre la psychologie, la vie de Cézanne et l'histoire de la peinture, entre l'individuel et le collectif. Affirmer qu'il y a une rationalité de l'histoire ne signifie pas qu'elle suit une trajectoire nécessaire mais que tout y a un sens, même ses détails. L'histoire de la peinture moderne était ainsi en attente du style de Cézanne, de ce dépassement des oppositions. Cézanne n'a pas répondu à cette attente consciemment mais seul un être qui avait sa psychologie pouvait le faire et c'est cette convergence qui donne un surplus de sens à sa pathologie.

Portée

Cette analyse psychologique de la création artistique ne fut jamais développée dans toutes ses conséquences mais elle contient néanmoins en germe les futures réflexions sur le sens de l'histoire. Cette possibilité d'affirmer la rationalité de l'histoire en même temps que sa contingence sera déterminante dans la discussion avec le marxisme en montrant que la possibilité d'expliquer un événement ne signifie pas qu'une prédiction du futur est possible.

La création picturale

> « *Le peintre est seul à avoir droit de regard sur toutes choses sans aucun devoir d'appréciation.* »

Chapitre I, *L'œil et l'esprit*, p .14.

Idée

Il est impossible de faire une théorie homogène de l'art car chaque art a un rapport différent à la réalité et à la vérité. Située entre la littérature, nécessairement engagée, et la musique, séparée du monde, la peinture a pour fonction de dévoiler la visibilité du monde dans son intégralité sans avoir à s'y engager. Son projet totalisateur transforme le monde en spectacle.

Contexte

L'œil et l'esprit résume les points d'insistance qui unifient les ouvrages de Merleau-Ponty. On y retrouve une dernière fois une réflexion sur le monde perçu et le rôle du corps dans la perception, sur la dimension ontologique de la peinture, sur l'histoire culturelle et évidemment sur Cézanne. Toutes ces analyses y prennent une nouvelle dimension car elles acquièrent une concision, une pudeur dans l'expression qui indiquent que Merleau-Ponty avait enfin trouvé son propre langage philosophique, celui qui était capable d'exprimer l'intuition qui l'animait depuis les années trente.

Commentaire

Dans le premier chapitre de *L'œil et l'esprit*, Merleau-Ponty reprend une discussion avec Sartre qui avait commencé avec l'article « Qu'est-ce que la littérature ? » publié par ce dernier en 1947. En analysant le caractère situé de la littérature, Sartre défend l'idée que toute littérature consciente d'elle-même doit être engagée et doit porter une appréciation sur son époque, sur la part d'injustice liée au décalage entre le lecteur universel auquel elle s'adresse et son public réel. Puisqu'elle est aussi liée au langage, Sartre décrivait implicitement le statut de la philosophie en même temps que celui de la littérature.

Merleau-Ponty voulait répondre à Sartre dans son ouvrage inachevé *La prose du monde* mais cette réponse a pris forme de manière inattendue à travers les discussions sur le marxisme et la possibilité de juger la situation politique présente qui aboutiront à l'ouvrage *Les aventures de la dialectique*.

La reprise de cette problématique de l'engagement dans *L'œil et l'esprit* montre que malgré la rupture avec Sartre le dialogue intellectuel n'est pas clos et la réponse développée par Merleau-Ponty n'est guère surprenante. En effet, il aborde la thématique de l'art en l'opposant à la science dans leur rapport respectif au monde vécu. La science est une pensée du survol qui construit un monde objectif alors que l'art habite le monde. Merleau-Ponty commence par indiquer que la science doit redevenir philosophie et retrouver ce monde vécu, cet être sauvage avant d'indiquer que l'art puise déjà dans ce monde. Il distingue alors trois pôles : l'écriture littéraire et philosophique, la peinture et enfin la musique. Le premier pôle partage le même sort que tout homme parlant : chaque parole met en jeu la question de la vérité et de son engagement dans le monde et on demande par conséquent au philosophe et à l'écrivain de prendre position. Ils ont ainsi un devoir social de par leur insertion dans la communauté du langage. Au contraire la musique est trop éloignée du monde et ne peut le désigner distinctement. Elle a donc pour fonction d'exprimer « les épures de l'Être », son rythme et ne peut donc pas être pensée comme un complément de la science. La spécificité de la peinture est de se situer sur un seuil. Elle partage avec le langage un rapport à des choses désignables mais ne subit pas la nécessité d'affirmer ou de nier et cette position de seuil l'ouvre à un contact à nouveau naïf avec les choses.

Dans le sens où elle reste attachée au monde mais étire ce lien jusqu'au moment précédant la rupture complète, la peinture a une responsabilité particulière : celle d'explorer en toute innocence et sans jugement l'intégralité du monde perçu. La recherche d'exhaustivité que Sartre assigne à la littérature est attribuée ici à la peinture et ne s'accompagne d'aucun devoir.

Cette analyse ne se démarque pas de celle de Sartre si on néglige la nuance que Merleau-Ponty prend le soin de préciser car il n'affirme pas que l'écrivain et le philosophe doivent prendre position sur le monde mais qu'on leur demande de prendre position sans indiquer s'ils doivent satisfaire cette demande sociale. En réalité, l'importance de Cézanne nous a déjà montré que le peintre a un statut parallèle à celui du philosophe. Ces deux êtres sont en situation de détachement en tension ce qui leur permet de réveiller les significations vivantes du monde vécu et non de les exercer.

Vocabulaire

Devoir d'appréciation : La dimension éthique de l'activité créatrice est une question fondamentale au vingtième siècle et Merleau-Ponty participe à ce questionnement dès sa période existentialiste en assumant l'engagement qui incombe au philosophe. Néanmoins on peut constater une distance progressive vis-à-vis de cette exigence éthique. Le fait que la notion d'engagement soit remplacée par celle de « devoir d'appréciation » n'est pas anodin, moins chargé de sens, ce devoir est davantage une demande sociale à laquelle le philosophe ne doit jamais complètement s'identifier et dont le peintre est libéré qu'un corollaire de notre condition humaine que le philosophe doit prendre en charge.

Portée

Le peintre est un explorateur du monde perçu et n'a aucune frontière. Cette affirmation si évidente résonne étrangement dans le siècle de la peinture abstraite mais ce paradoxe n'est pas une vision anachronique de la peinture et indique la nécessité de ne pas confondre le monde perçu et les choses visibles car Merleau-Ponty n'a absolument pas pour projet de limiter la peinture à la représentation du visible, ce qui serait la subordonner au monde objectif de la science. Son « droit de regard sur toutes choses » lui ouvre des perspectives plus vastes que le monde des objets et en particulier celle des dimensions de l'être.

> *Le style est dans chaque peintre le système d'équivalences qu'il se constitue pour cette œuvre de manifestation, l'indice général et concret de la "déformation cohérente" par laquelle il concentre la signification encore éparse dans sa perception, et la fait exister expressément.*

« Le langage indirect », *La prose du monde*, p. 86.

Idée

Merleau-Ponty précise quel bougé le peintre fait subir à sa culture en créant un écart, « une déformation cohérente » dans les significations héritées. Son style apparaît quand ce bougé qui peut se laisser pressentir dans sa perception est unifié, mis en forme dans le geste créatif et ne fait qu'un avec l'intentionnalité motrice du corps du peintre. On peut le comparer à une grille de lecture dans laquelle les choses désignables, les symboles, les traditions perdent en partie leur familiarité.

Contexte

À l'intérieur de cette vaste exploration de l'expression littéraire et artistique qu'est *La prose du monde*, le chapitre « Le langage indirect » analyse la rationalité présente dans l'histoire des formes expressives que sont la peinture et la littérature en dialoguant avec l'ouvrage de André Malraux *La psychologie de l'Art*. En interrogeant la spécificité de chaque artiste au sein de cette histoire, Merleau-Ponty indique ce qui définit un style artistique.

Commentaire

On ne peut pas comprendre ce qu'est le style d'un artiste si on l'isole du reste de la culture et même un face-à-face entre l'artiste et la réalité ne résout pas ce problème. Le style n'est pas l'expression d'une psychologie uniquement individuelle, ni l'imitation objective de la nature, ni la synthèse des deux. L'artiste est un être culturel et le plus souvent un animal cultivé, bien qu'il puisse exister des cas-limites d'artistes ignorants des formes artistiques. Dans tous les cas, il hérite d'un réservoir de significations déjà instituées qui structurent sa vision et cette structuration fournit un cadre dans lequel il valorisera, positivement ou négativement, certains éléments du monde, donnera un sens métaphorique à certains autres éléments. Cet héritage n'est cependant pas un destin, il devra être repris par chaque homme dans son projet mais le plus souvent est repris tel quel car l'individu est engagé dans l'action et il n'a qu'à exercer son pouvoir expressif.

Au contraire, le peintre est dans une situation de détachement par rapport au monde de l'action, il a une claudication similaire à celle du philosophe et n'est pas fait pour agir. À la place, il crée un bougé dans les significations héritées car sa perception a un léger trouble par rapport à la perception commune et le passage à la création mettra en activité son corps et son intentionnalité motrice. Ce détachement qui crée un bougé dans les significations héritées et qui démembre sa structure deviendra ainsi une « déformation cohérente » pour cette œuvre et pourra évoluer dans les œuvres suivantes puisqu'il y a une historicité de chaque style. Cette reprise de l'expression utilisées par André Malraux s'inscrit dans la dialectique des formes que Merleau-Ponty mettra au cœur de sa pensée de l'histoire. Les significations éparpillées dans ce bougé de la perception deviennent un « système d'équivalences » dans le tableau qui transforme les valorisations et les métaphorisations des éléments du monde vécu mais cette concrétisation de ce système signifiant dans l'œuvre ne peut être séparée de cette dernière. Alors que le langage crée l'illusion d'une séparation possible des significations et des mots, l'art montre que l'exprimé n'a aucune existence en dehors de son expression. Le style est une grammaire inséparable de son existence picturale et chaque peinture enrichit notre vision du monde bien qu'on ne puisse transformer cet enrichissement en un savoir explicite.

Vocabulaire

Déformation cohérente : Cette reprise du concept développé par André Malraux dans *La psychologie de l'art* a un autre sens chez Merleau-Ponty. La déformation dont parle Malraux est celle que la peinture opère sur le monde. Merleau-Ponty rejette ce point de vue naïf car pour lui toute perception est déjà stylisation du monde d'après un projet, le monde vécu n'est jamais similaire au monde objectif alors que ce qui est déformé par l'artiste est l'ensemble des significations héritées et des styles sédimentés par la tradition. L'exemple de Cézanne montre qu'en se plaçant à la naissance du sens le peintre démembre les significations acquises et risque l'incohérence, le chaos, l'échec. S'il réussit, le style apparaît et avec lui une nouvelle organisation, une cohérence entre cette déformation et les significations précédentes.

Portée

Merleau-Ponty construit sa définition du style en prenant soin de ne pas utiliser un psychologisme facile qui ferait de cette notion une expression d'un moi ineffable. Au contraire, le style surgit au croisement d'une série de dialectiques : dialectique des significations héritées par l'individu et démembrées par le peintre, dialectique des formes qui sont autant de systèmes signifiants. Le concept de style permet de penser autant l'individualité de chaque artiste que la place de la déformation cohérente qu'il apporte à cette histoire des formes.

« *Si le peintre veut exprimer le monde, il faut que l'arrangement des couleurs porte en lui ce Tout indivisible.* »

« Le doute de Cézanne », *Sens et non-sens*, p. 20.

Idée

L'ambition du peintre n'est pas seulement de montrer quelque chose par la figuration ou par l'abstraction, mais aussi d'exprimer le monde dans sa totalité. D'une certaine manière, chaque tableau doit être un résumé du système des lois de la nature, cet objet aux dimensions limitées doit contenir l'infini. Nous sommes ainsi devant le mystère de la création artistique car le peintre ne pourrait résoudre un problème mathématique à une infinité d'inconnues pour chacun de ses gestes si l'intuition ne remplaçait pas le calcul.

Contexte

L'analyse du style de Cézanne amène Merleau-Ponty à rendre compte de l'abandon du dessin au profit de la peinture. Cet abandon n'est pas un rejet de l'objet mais la conséquence d'un nouveau rapport entre le monde et l'objet et la prise de conscience de l'ambition expressive de la peinture. La radicalité de Cézanne est à nouveau l'occasion de dévoiler dans toute sa pureté l'essence de la création picturale.

Commentaire

Chaque tableau est une œuvre finie par ses dimensions, un cadre qui montre quelque chose de figuratif ou d'abstrait. Son ambition est pourtant autre et veut dépasser la finitude qui est son lot car un tableau réussi doit être une synthèse du fini et de l'infini, il ne se contente pas de montrer quelque chose mais veut exprimer le monde. Cette ambition explique le nouveau rapport entre le dessin et la peinture que veut mettre en place Cézanne. Dans la démarche picturale classique, le dessin est premier et va permettre une mise en forme du tableau. Par suite, la couleur est secondaire et devient un quasi-ornement. Pour Cézanne, les deux sont inséparables, ce qui signifie que le dessin doit surgir de la mise en place des couleurs. C'est la démarche nécessaire pour que l'objet émerge du tableau, soit présent et non suggéré à partir de sa forme. Pour cela, il faut donc que l'objet soit adossé à un monde qui fasse office d'horizon.

La synthèse du fini et de l'infini n'est donc pas une ambition insensée, elle est la conséquence de sa volonté d'être au plus près du monde perçu et qui oblige le peintre à prendre en compte l'infini de deux façons différentes. Tout d'abord, cet infini est présent dans chaque geste, chaque touche de couleur puisqu'il doit exprimer toutes les dimensions du monde. Le doute de Cézanne, ses hésitations sans fin sont la conséquence de cette équation avec un nombre infini d'inconnues que chacun de ses gestes doit résoudre. Dans *La prose du monde*, Merleau-Ponty revient sur cette condensation du monde dans le geste à propos d'un film, sans doute celui de François Campaux sorti en 1946, montrant au ralenti le travail du peintre Matisse. La main du peintre parcourt furtivement l'ensemble du tableau, hésite puis s'abat en toute certitude sur un point précis. Ce ralenti révèle la place du corps qui résout l'équation à la place de l'esprit. Si selon Leibniz chacun de nous est un miroir de l'univers, on peut affirmer que par son intentionnalité le corps est une caisse de résonance qui résume ce Tout indivisible qu'est le monde. Il va l'exprimer dans la toile par ce face-à-face charnel avec les couleurs, ce jeu avec la matière picturale faisant surgir le dessin des profondeurs du tableau au moment où les couleurs se structurent, s'arrangent selon le style du peintre. Si cette déformation n'arrive pas à une cohérence et si ce Tout se divise, les couleurs resteront à un chaos informe : nous sommes devant l'échec toujours possible de l'art vis-à-vis de son ambition.

Il est cependant possible de penser cette présence de l'infini d'une autre façon. Même si la totalité du monde est exprimée dans chaque tableau, elle ne l'est qu'à partir de ce qui est présenté. Aucun tableau n'épuise l'expression du monde, chaque peintre ayant à poursuivre indéfiniment cette quête expressive, c'est pourquoi Merleau-Ponty affirme que cet effort d'expression est une « tâche infinie » (*Sens et non-sens*, p. 21). De tableau en tableau, de style en style, l'histoire de l'art poursuit sa synthèse à chaque fois renouvelée du fini et de l'infini.

Vocabulaire

Tout indivisible: Ce Tout indivisible fait référence à la notion de monde et indique que ce dernier ne doit pas être considéré comme un ensemble d'éléments séparés les uns des autres. Il y a tout d'abord une unité de ce tout de par l'intentionnalité motrice du corps mais dans ses autres textes Merleau-Ponty pensera cette unité à partir de la notion d'institution ou celle de chair.

Portée

Merleau-Ponty poursuit ici la lignée inaugurée par Hegel qui donne à l'art une fonction de dévoilement du réel, d'expression du monde et lui permet ainsi de sortir du problème classique de l'imitation, celle-ci n'étant qu'un moyen parmi d'autres pour atteindre cette expression. L'attention au danger affronté par l'artiste dans cette tâche de déformation des significations acquises selon son style donne une autre ampleur à cette analyse car elle introduit le risque d'échec et la contingence de cette expression du monde présente dans chacune des victoires de l'art.

« *Un peintre comme Cézanne, un artiste, un philosophe doivent non seulement créer et exprimer une idée, mais encore réveiller les expériences qui l'enracineront dans les autres consciences.* »

« Le doute de Cézanne », *Sens et non-sens*, p. 25.

Idée

La création expressive doit être capable de s'enraciner dans la conscience des spectateurs. C'est la condition de sa durée et de son historicité car une œuvre qui ne pourrait parler à personne serait à jamais isolée de la culture et vouée à être oubliée. La déformation que l'artiste fait subir aux significations héritées ne doit pas être trop grande sous peine de rendre l'œuvre incompréhensible. Le spectateur doit pouvoir être affecté par celle-ci, il faut qu'elle entre en résonance avec son monde et ses expériences pour qu'il ait un minimum d'indices et que son déchiffrement soit possible.

Contexte

L'analyse du style de Cézanne, c'est-à-dire sa volonté de remonter à l'origine de la culture, montre le prométhéisme de ce projet artistique puisque Cézanne veut rivaliser avec les dieux en recréant dans ses tableaux la naissance du monde perçu. Cette ambition soulève nécessairement le problème de sa transmission car toute œuvre doit quitter son créateur pour éclairer le champ expressif du spectateur.

Commentaire

Les analyses précédentes semblent isoler l'artiste de l'homme prosaïque et rendre impossible une communication entre eux, élément si essentiel de la relation avec autrui pour Merleau-Ponty. En fait, le problème est double car l'artiste doit à la fois communiquer avec l'homme prosaïque mais aussi avec les autres artistes, les autres créateurs des formes expressives. Si cela est impossible, l'œuvre s'enfermera dans une grammaire idiosyncratique qui ne pourra ni enrichir la culture, ni devenir une histoire et être reprise par d'autres artistes

Ce problème est lié au rapport entre l'art et le langage. Peut-on comparer l'œuvre d'art à une parole, à un message adressé au spectateur ? La comparaison est pertinente si on suppose comme Merleau-Ponty que la parole elle-même n'est pas un moyen de communication, c'est-à-dire un outil pour transmettre une signification disponible en dehors d'elle, mais est elle-même communication. Elle est un être expressif lié au monde vécu.

Malgré ce rapprochement les formes expressives posent un problème spécifique puisqu'elles transforment les significations héritées. La communication est donc empêchée car il n'y a plus ce fonds commun, ce réservoir de sens entre l'artiste et le spectateur. Merleau-Ponty affronte ici le problème de la nouveauté artistique. Comment le spectateur peut-il la comprendre ? Si elle est étrangère aux significations disponibles, le spectateur n'y verra qu'un chaos. Si elle est interprétable par les significations héritées, il n'y a pas de véritable nouveauté. À nouveau, c'est le problème de la tension, de la limite qui surgit. Le système expressif de l'œuvre doit rester en partie superposable aux significations héritées de la culture.

La transmission de la nouveauté suppose la prise en compte du monde vécu. L'idée, le sens ne sont pas uniquement de l'ordre du concept car cela rendrait incompréhensible la présence du sens au sein du vivant et du corps. Le sens est de l'ordre de l'affect, un mot à un sens quand il nous touche et peut réveiller en nous certaines expériences. Ainsi si certains éléments du système signifiant de l'œuvre se retrouvent dans celui du monde prosaïque, même s'ils sont structurés différemment, ces éléments réveilleront certaines expériences sur le spectateur mais seront aussi l'occasion d'un bougé dans ses significations, d'une déstructuration qui permettra peu à peu au lecteur de retrouver le système expressif présent dans le style. En un sens, l'œuvre s'enseigne elle-même par la fréquentation du spectateur, chacune d'elle est une initiation. L'art ne s'enseigne pas par un savoir extérieur mais par le risque pris dans sa fréquentation. Il n'y a donc pas une communication entre l'artiste et le spectateur par l'intermédiaire de l'œuvre mais une communication entre cette dernière et le spectateur qui permet à celui-ci de saisir une perspective inédite sur le monde vécu ou même d'atteindre la naissance du sens latent dans le monde vécu.

Vocabulaire

Enraciner : La notion d'enracinement introduit l'idée d'une verticalité fondamentale dans la pensée de Merleau-Ponty qui ne doit pas être confondue avec une transcendance liée à des coupures entre des formes de réalité (corps et esprit par exemple). L'idée présente dans l'œuvre d'art est inséparable de cette dernière et n'est pas un concept qu'un mot ou une phrase pourraient résumer pour la transmettre. Il faut penser avec elle et non pas extraire sa pensée sous forme de concept, elle doit être incorporée pour devenir l'horizon de notre paysage mental.

Portée

Cette citation est une des rares indications de Merleau-Ponty sur la rencontre des formes expressives avec leur spectateur et distingue clairement la théorie du sens de Merleau-Ponty d'une herméneutique trop intellectualiste car sa volonté de dépasser les dualismes l'amène à proposer une théorie expérientielle de la rencontre avec l'art.

L'exigence de l'expression

> « *S'exprimer, c'est donc une entreprise paradoxale, puisqu'elle suppose un fond d'expressions apparentées, déjà établies, incontestées, et que sur ce fond la forme employée se détache, demeure assez neuve pour réveiller l'attention.* »

« Science et expérience de l'expression »,
La prose du monde, p. 51.

Idée

L'expression quotidienne contient implicitement le paradoxe présente dans la création de nouvelles formes d'expression car même si la nouveauté n'est pas ici recherchée pour elle-même, elle est présente puisque les formes expressives déjà disponibles ne sont jamais complètement suffisantes pour créer une véritable communication avec autrui.

Contexte

Si on peut parler « d'un tournant linguistique » en philosophie à partir des années cinquante, on ne peut que constater que Merleau-Ponty y a pleinement participé et l'ouvrage inachevé *La prose du monde* aborde la plupart des problèmes philosophiques à partir d'une analyse du langage et en particulier du langage ordinaire, bien que sa recherche soit moins une tentative de clarification des ambiguïtés du langage que la mise en avant de la dimension paradoxale de l'expression qui est liée à son historicité.

Commentaire

L'historicité des langues est un phénomène paradoxal. Notre langue semble être un parfait outil de communication car elle possède des expressions disponibles pour chaque pensée et état d'âme. De plus, puisque nos contemporains possèdent le même trésor expressif, je peux puiser dans ce réservoir commun et ainsi être sûr de me faire comprendre, tout malentendu pouvant être corrigé en ajoutant des expressions venant elles aussi de ce réservoir. Ce n'est pas encore une véritable communication car une langue morte comme le latin peut autant transmettre des informations qu'une langue vivante et deux personnes connaissant cette langue peuvent se parler en utilisant ce fond d'expressions communs. Si on considère que cette langue est morte, c'est parce que plus personne ne peut s'approprier cette langue, son inertie a détruit sa capacité expressive et je ne peux plus toucher mon interlocuteur avec elle, même si je peux me faire comprendre.

La parole vivante ne peut être comprise que par une dialectique entre une intention expressive et les expressions acquises. Si le langage ne servait qu'à donner des informations sur les choses visibles et le monde objectif, l'intention expressive et les expressions acquises seraient en adéquation. Ce sont ces moments où il y a un recouvrement parfait entre les deux qui nous font croire que l'expression doit s'effacer pour laisser place à l'exprimé, comme un outil le fait face au produit fini.

Parler, ce n'est pas simplement transmettre des informations mais c'est aussi toucher son interlocuteur, le faire sortir de sa perspective sur le monde pour qu'il glisse vers la nôtre. Pour qu'il sorte de l'aspect routinier du langage et de l'opposition simpliste entre les significations acquises et le non-sens linguistique, il faut réveiller son intention et ainsi créer un écart dans les expressions disponibles. Cet écart est significatif car il est un appel au monde vécu, peut réveiller des expériences chez le locuteur et être compris, même si ici l'expression ne s'efface pas derrière l'exprimé.

Le paradoxe de l'historicité des langues est en réalité le paradoxe présent dans chaque expression quotidienne dès que nous voulons établir un contact avec autrui car cette dialectique présente au cœur de l'expression est le moteur de l'évolution des langues. Un très grand nombre de ces écarts linguistiques disparaîtront mais certains d'entre eux seront repris, transformés en exemple avant de devenir à leur tour une règle (puisque l'expression résiste à l'exprimé). La langue n'est pas transformée radicalement mais l'écart sera intégré à l'organisation de la langue, contraignant ainsi sa structure d'ensemble à se réorganiser.

L'évolution de la langue n'est donc ni un pur hasard ni un pur choix rationnel. L'accident se transforme en règle et l'expression ponctuelle en acquis collectif.

Vocabulaire

Expression : L'expression est une notion dialectique car elle désigne le passage de l'intériorité vers l'extériorité et réciproquement de l'extériorité vers l'intériorité. Si l'analyse de l'expression désigne sa source dans le corps vivant doué d'une intentionnalité qui dépasse l'opposition du corps et de l'esprit, c'est l'analyse de l'œuvre d'art qui montre le plus ostensiblement que la notion d'expression dépasse l'opposition de l'intérieur et de l'extérieur puisque l'exprimé ne peut jamais complètement se passer de son expression. Peu à peu Merleau-Ponty élargit cette notion pour en faire une caractéristique de l'être lui-même.

Portée

Les analyses précédentes pouvaient créer un malentendu et laisser croire à l'existence d'une rupture entre l'homme prosaïque et les créateurs. Il n'en est rien puisque chaque phénomène d'expression contient cette part d'inventivité qui rend possible une histoire, chaque nouveauté étant une victoire toujours à la limite entre le sens précédent et un non-sens qui aurait pu l'emporter. Néanmoins, une différence réside toujours entre ces deux êtres puisque si l'un exerce son pouvoir expressif, l'autre a fait de sa « claudication » une vertu.

> *Il n'y a que des sous-entendus dans une langue quelle qu'elle soit, l'idée même d'une expression adéquate, celle d'un signifiant qui viendrait couvrir exactement le signifié, celle enfin d'une communication intégrale sont inconsistantes.*

« Science et expérience de l'expression »,
La prose du monde, p. 42.

Idée

On ne peut pas comprendre le langage si on le décompose en une série de mots isolés les uns des autres, chacun ayant une signification qui lui est propre. Au contraire, la parole dans sa totalité contient toujours plus de sens que les mots pris un par un. L'implicite présent dans chaque parole rend illusoire le rêve d'une transmission entièrement transparente des informations d'un interlocuteur à un autre.

Contexte

Merleau-Ponty a toujours été sensible aux avancées de la linguistique autant qu'à celles des autres sciences de l'homme tout en essayant de dégager la véritable portée de leur découverte. L'analyse linguistique du langage a été pour lui un moment essentiel dans la construction de sa théorie de l'expression et lui a permis de transformer les rapports entre le mot et la pensée, entre le sensible et l'intellect. La possibilité de traduire une langue dans une autre justifie une nouvelle fois la nécessité de repenser ces faux dualismes.

Commentaire

La phrase « L'homme que j'aime » peut être traduite en anglais par « The man I love ». Cet exemple pris par Merleau-Ponty rend sensible la question du sous-entendu présent dans nos paroles car un Français pourrait penser que le mot « that » est sous-entendu dans la phrase anglaise, ce qui permettrait de supposer une traduction mot à mot entre les deux langues. Malheureusement, cette hypothèse a un présupposé inacceptable car elle considère que la phrase française est un ensemble de signifiants, de mots ayant chacun un signifié, une idée qui lui est associé. Si les deux phrases ont le même sens, il faut retrouver les mêmes signifiés dans chaque phrase et puisque le signifié lié à la conjonction « que » n'a pas de signifiant dans la phrase anglaise celui-ci doit être sous-entendu.

L'erreur de cette hypothèse est de croire que la phrase française est l'expression adéquate des signifiés et qu'il manque donc quelque chose à la phrase anglaise. Au contraire, Ferdinand de Saussure, dont Merleau-Ponty reprend ici quasiment l'exemple – en réalité Saussure utilise la phrase « L'homme que j'ai vu » –, affirme dans *Le cours de linguistique générale* que puisque la phrase anglaise est comprise elle une expression aussi adéquate de la pensée que la phrase française. Nous avons cette illusion parce que nous sommes français et que nous pensons à travers cette langue. En fait, la simple analyse du mot « que » montre que l'existence de signes linguistiques composés d'un signifiant et d'un signifié isolés les uns des autres ne rend pas compte de la réalité du langage. Le signifiant « que » isolé n'a pas de signifié. Il a une valeur purement relationnelle et n'est qu'une fonction qui peut être remplie par la place des mots dans la phrase. Dans ce cas la phrase anglaise semble meilleure que la phrase française puisque, les mots ayant les mêmes places dans les deux cas, le mot « que » devient redondant, ce qui est le point de vue d'un anglais.

Le sens est donc toujours global et dépasse les mots pris un à un. Il faut donc distinguer communication et expression. Il n'y a pas d'expression réussie, c'est-à-dire d'adéquation entre le signifiant et le signifié, sauf dans le cas de phrases habituelles, routinières qui peuvent être entièrement explicites (ce sont ces cas qui font croire à la possibilité d'une « communication intégrale »), mais il peut y avoir une communication réussie. Elle se produit quand la phrase est un appel au locuteur comparable à un geste qu'il va interpréter. La comparaison avec le geste montre que la compréhension d'une phrase n'est pas une opération intellectuelle mais pratique car elle est liée à l'usage et à la situation d'interlocution dans laquelle je suis. Mon locuteur comprend le plus souvent instantanément ce que je lui ai dit non pas au sens où il pourrait en extraire une signification explicite mais au sens où il peut y répondre comme il peut répondre à mes gestes. Le sens de la phrase est donc impensable sans référence au monde vécu qui est le véritable sous-entendu de nos paroles.

Vocabulaire

La communication : La notion de communication est restée un élément fondamental dans la pensée de Merleau-Ponty pour comprendre la relation à autrui. Dès la *Phénoménologie de la perception*, il s'oppose ainsi à l'analyse de Sartre qui part du regard pour comprendre cette relation et oublie le lien présent dans le dialogue, ce qui le conduit à la concevoir comme une relation de sujet à objet. Cependant, la communication véritable n'est jamais une simple transmission d'informations. Elle est une révélation de soi-même et du lien qui nous relie aux autres et à autrui. Pour être comprise, elle doit donc être comparée à un comportement et le langage à un geste.

Portée

Cette focalisation sur l'écart irréductible entre signifiant et signifié rejoint la précédente dialectique de l'expression et indique, contre le rêve d'une langue algorithme, que le langage n'est pas un instrument désincarné. Merleau-Ponty utilise ici un point de vue pragmatique en soulignant que le sens des mots est lié à leur usage, à la relation concrète avec autrui et la comparaison avec le geste permet de penser une relative continuité dans les différentes dimensions de l'expression que ce soit celle du corps, du langage ou de l'art.

> *L'Être est ce qui exige de nous création pour que nous en ayons l'expérience.*
>
> « Notes de travail », juin 1959, *Le visible et l'invisible*, p. 251.

Idée

Nous ne faisons pas l'expérience de l'Être ou du moins pas nécessairement. Nous sommes séparés de lui tant que nous vivons dans les significations héritées. Pour faire l'expérience de l'Être, il faut donc revenir à cette naissance de l'expression. C'est notre capacité à refluer à la limite du monde vécu qui nous rend capable d'en faire l'expérience mais cette dernière ne sera possible que par la création, l'émergence de nouvelles formes expressives.

Contexte

Le Visible et l'invisible ainsi que les notes de travail qui complètent le manuscrit montrent un reflux de la thématique de l'expression dans le dernier état de la philosophie de Merleau-Ponty. En fait, l'abandon de la philosophie du sujet qui était lié au point de vue phénoménologique l'oblige à reconsidérer les bases ontologiques de l'expression.

Commentaire

L'ontologie de la chair construite patiemment par Merleau-Ponty durant les années cinquante n'est pas simplement une nouvelle vision du monde adossée aux méthodes philosophiques classiques. Son attention constante vis-à-vis des problèmes méthodologiques doit nous faire prendre conscience que la refonte de l'ontologie entraîne une transformation de la notion de vérité et de son expression philosophique. Depuis l'Antiquité, la vérité se définit par l'adéquation entre la chose et l'intellect, entre la réalité et la pensée. Dans cette note de travail, Merleau-Ponty n'abandonne pas la thématique de l'adéquation mais va lui donner un sens vis-à-vis de sa nouvelle ontologie car la chair ne se réduit pas au monde objectif, à sa visibilité. Merleau-Ponty donne à nouveau à l'art et à la littérature le projet de porter à l'expression l'expérience muette et ce moment de la naissance du sens. Il y a un véritable contact avec l'Être car la création n'est pas vraie au sens où elle serait conforme à une réalité extérieure à laquelle on pourrait la comparer mais au sens où elle se confond avec le processus ontologique de la naissance du sens.

Merleau-Ponty s'approprie ainsi une thématique de la philosophie de Heidegger qui définit l'histoire de la métaphysique et de la civilisation comme l'histoire de l'oubli de l'être au profit de l'étant, des choses. Cette différence ontologique se retrouve dans la distinction entre le monde vécu, la chair et le monde objectif et celle entre la naissance du sens et les significations héritées. Le détachement du philosophe et de l'artiste, leur claudication n'est donc pas seulement une vertu méthodologique et critique mais a une véritable portée ontologique. Elle est la condition de l'expérience de l'Être. Cependant, fidèle en cela à sa méthode de l'ontologie indirecte, cette expérience n'est pas pour lui une contemplation mystique, elle se fait à travers la création, le surgissement de nouvelles significations et donc la déformation des significations héritées. La vérité philosophique n'est donc pas une adéquation avec une réalité qui lui fait face mais coïncidence avec cette réalité dans son effort créatif. Même si l'expression prosaïque peut faire aussi évoluer la langue, la création littéraire et philosophique radicalise cette possibilité et pousse la langue à sa limite, tout comme la peinture poussera l'univers des formes à ses limites (ce qui nécessitera un apprentissage chez le lecteur et le spectateur).

Merleau-Ponty réintroduit la notion d'exigence qu'il avait déjà utilisée pour définir le rapport entre l'œuvre et la vie de Cézanne. Cette exigence liée à une première esquisse de l'historicité du sens est intégrée ici à une historicité de l'Être. Cet appel de l'Être montre que le naturalisme grandissant de Merleau-Ponty ne néglige pas la spécificité ontologique de l'être humain qui lui permet ce retour interrogatif vers l'origine du sens dont sont issues les créations de la philosophie et de l'art. L'histoire des formes expressives et en particulier de la philosophie a donc une place fondamentale dans l'ontologie de la chair que Merleau-Ponty élaborait et devait permettre de renouer avec cette origine du sens liée aux dimensions de l'Être.

Vocabulaire

La création : Dans tous les aspects et niveaux de réalité (le vivant, la culture, la politique), Merleau-Ponty a été sensible à ces moments créatifs en les analysant à partir de cette dialectique de la signification. Implicite dans « Le doute de Cézanne », cette analyse de la création, qu'on peut définir comme le surgissement d'une nouvelle organisation du sens, de cette « déformation cohérente » dont il parle à propos du style, se développe dans une attention de plus en plus grande aux échos entre histoire personnelle et histoire collective. En quelque sorte, la création surgit quand une torsion apparaît entre ces deux histoires.

Portée

Cette exigence créative présente dans notre expérience de l'Être est dans la continuité de la philosophie de l'existence présente dans *La phénoménologie de la perception* car la rupture avec la philosophie de la subjectivité n'entraîne pas l'éloge de la passivité. La création n'est pas l'extériorisation d'une subjectivité autonome mais déformation des significations héritées pour réveiller le monde perçu dans lequel nous sommes enracinés.

« *Personne n'a été plus loin que Proust dans la fixation des rapports du Visible et de l'invisible, dans la description d'une idée qui n'est pas le contraire du sensible, qui en est la doublure et la profondeur.* »

« L'entrelacs – le chiasme », *Le visible et l'invisible*, p. 195.

Idée

Les descriptions proustiennes du sentiment amoureux et de l'art dans *La recherche du temps perdu* montrent qu'il ne faut pas opposer le sensible et l'idée comme deux mondes séparés, l'un qui serait pur matière et l'autre pur esprit. L'expression devient la chair inséparable de l'idée et l'idée l'organisation interne de cette réalité, son horizon spirituel.

Contexte

Le chapitre « L'entrelacs – le chiasme » est le dernier rédigé du manuscrit composant *Le visible et l'invisible*. Merleau-Ponty essaie de construire sa nouvelle ontologie en mettant en relation ces trois concepts fondamentaux : la chair, le visible, l'invisible. Lorsqu'il veut saisir les liens de la chair et de l'idée et réintroduire la notion d'expression, il fait appel à Proust non pour illustrer sa thèse mais pour le guider dans ce nouveau territoire du visible et de l'invisible.

Commentaire

Depuis l'article « Le roman et la métaphysique » de 1945, la littérature a suivi l'ensemble du parcours de Merleau-Ponty. Proust a toujours eu une place privilégiée, apparaissant autant dans La *Phénoménologie de la perception* que dans les cours au Collège de France, et a enrichi les analyses de ce vaste domaine de l'expression contenant autant les sentiments que le langage et l'art. Cet exemple présent dans les dernières pages rédigées du *Visible et l'invisible* montre une ultime fois quel usage Merleau-Ponty faisait des textes littéraires. La littérature ne sert pas à illustrer une thèse philosophique déjà établie ou à enseigner un savoir conceptuel. Sa lecture de la littérature est fidèle à l'idée centrale de sa théorie de l'expression : l'expression et la signification sont inséparables.

Le recours aux descriptions proustiennes s'effectue au moment où Merleau-Ponty veut penser l'épaisseur de la chair, la présence en elle d'un invisible qui récuse la distinction entre la matière et l'esprit. La notion d'horizon présente dans la philosophie de Husserl va englober cette référence à Proust qui aura donc pour fonction de repenser cette notion. En effet, Merleau-Ponty précise dans un premier temps qu'il ne faut pas considérer l'horizon des choses comme un ensemble imprécis de choses soit parce qu'elles sont trop lointaines, soit parce qu'on n'y prête pas attention sans être non plus non plus une catégorie abstraite. C'est un « nouveau type d'être » qui se définit par son épaisseur.

Merleau-Ponty prévient alors qu'il aborde le problème « le plus difficile » au moment où il va se laisser guider par Proust. Celui-ci montre que les êtres de culture que sont les textes littéraires (comme *La princesse de Clèves* qui revient régulièrement dans le roman proustien), la phrase musicale de Vinteuil, le sentiment amoureux ou les choses sensibles (comme la madeleine ou les pavés de la cour des Guermantes) contiennent une essence inexprimable sans eux. L'expression initie à l'idée, à sa doublure intérieure, à sa structuration interne et le sens de ces expressions est plus affectif qu'intellectuel car il réside dans l'effet produit sur celui qui les reçoit.

L'intérêt de cet exemple n'est pas seulement de réintroduire les analyses de l'expression dans l'ontologie de la chair mais de porter l'expression à sa puissance seconde puisqu'il s'agit ici d'une expression littéraire (le roman proustien) qui sert de guide pour penser l'ensemble des réalités expressives. En suivant la description proustienne de ces noyaux de sens que sont ces expériences expressives de l'amour et de l'art, Merleau-Ponty crée une médiation qui lui permet de revenir à la notion d'horizon conçue maintenant comme épaisseur à la fois sensible et idéelle de la chair tout en étant cette fois assuré que le lecteur en ait la compréhension suffisante.

Vocabulaire

L'invisible : Cette dimension de la chair rend compte de la profondeur du monde perçu contrairement au monde objectif qui pourrait être quasiment comparé à un tableau ou à un plan géométrique. L'invisible ne doit pas être opposé au visible, il en est la doublure autant idéelle que sensible. Le rapport entre les deux notions est pensable à partir de la réversibilité du touchant et du touché lorsqu'une de mes mains touche l'autre. Cette réversibilité, modèle terminal de la réflexion et de l'expression chez Merleau-Ponty, révèle que le visible et l'invisible peuvent échanger leur rôle, ce qui ruine définitivement les dualismes classiques.

Portée

Le panthéon littéraire de Merleau-Ponty est majoritairement composé d'écrivains qualifiés de cérébraux comme Péguy, Proust et Valéry mais leur intellectualité ne les transforme pas en philosophes masqués. Elle est le signe que l'expression littéraire contient une pensée irréductible au concept. Merleau-Ponty peut ainsi établir un dialogue d'égal à égal avec la littérature dans lequel celle-ci ouvre au philosophe un horizon qu'il devra reprendre dans sa propre démarche.

4. Penser l'Histoire

L'historicité du sens

> « *La sédimentation de la culture, qui donne à nos gestes et à nos paroles un fonds commun qui va de soi, il a fallu d'abord qu'elle fût accomplie par ces gestes et ces paroles mêmes, et il suffit d'un peu de fatigue pour interrompre cette plus profonde communication.* »

« La perception d'autrui et le dialogue »,
La prose du monde, p. 196.

Idée

On ne peut pas comprendre la culture si on limite le domaine du sens aux individus qui composent l'humanité. Nos gestes et nos paroles ont la capacité mystérieuse de durer, ils acquièrent une existence quasi-autonome, une existence douée de sens qui va composer la culture et chacune de nos actions puise à ce réservoir de sens même si la moindre défaillance peut nous faire tomber dans le non-sens.

Contexte

Le problème de l'intersubjectivité avait déjà été approfondi dans la *Phénoménologie de la perception* à partir du thème du dialogue. Sa reprise ici à partir de la nouvelle pensée de l'expression montre d'autant plus le recul de la philosophie à la première personne pour penser le dynamisme propre à la vie culturelle. Au lieu de la transformer en chose, Merleau-Ponty la conçoit comme une série d'exigences sédimentées doivent être reprises. Cette dialectique présente dans la vie culturelle est ce qui la transforme en histoire.

Commentaire

Tout comme les philosophies de l'histoire de Hegel et de Marx, Merleau-Ponty veut à la fois fonder l'historicité des sociétés humaine et définir la nature de la rationalité historique. Or, il regrette que ces deux auteurs transforment cette rationalité en nécessité, en quasi-destin qui se réaliserait sans les hommes. Toute la difficulté affrontée par Merleau-Ponty est donc de décrire l'émergence de l'histoire à partir de l'existence sans pourtant détruire sa rationalité. La philosophie de l'existence ne doit donc pas se transformer en philosophie de l'individu et l'histoire et la culture sont donc abordées par Merleau-Ponty à partir de l'intersubjectivité dès la *Phénoménologie de la perception*. Dans le but de compléter cet ouvrage, *La prose du monde* va approfondir la notion de sédimentation qui deviendra de plus en plus essentielle à cette pensée dialectique. Pour la comprendre, il faut porter son attention sur la spécificité du geste et de la parole de l'être humain : il ne disparaît pas mais laisse une trace. Celle-ci n'est pas seulement un reste inerte du passé mais est un noyau de sens, ce qui ne signifie pas qu'il contient en lui-même quelque chose d'ordre conceptuel mais qu'il se prête plus naturellement à un certain usage. Cet ensemble sédimenté génération après génération va former la culture et devenir un réservoir toujours disponible. Nous pouvons l'utiliser pour communiquer et collaborer avec autrui puisque cette évidence de la culture issue de la sédimentation permet d'être compris avec certitude.

Il ne suffit pourtant pas de prendre en compte ce stock symbolique pour comprendre la vie culturelle et l'histoire. Nous avons déjà montré que l'expression contenait toujours un écart avec l'exprimé qui rend impossible une pleine explicitation de ce dernier. Merleau-Ponty suppose donc qu'il existe deux niveaux de communications. Un premier niveau se place dans une « communauté d'être » et se contente de puiser dans ce réservoir de significations. Elle se manifeste aussi dans la fatigue et se définit par la répétition. Dans ce cas, je ne rencontre pas autrui dans sa singularité mais l'autre en général, même s'il peut être doté de caractéristiques sociales ou familiales. On peut dire que je rencontre ici plus des caractéristiques qu'une personne mais il existe une communication plus profonde dans laquelle la singularité de chacun est dévoilée. Elle suppose de s'extraire de cette sédimentation pour revenir à une situation quasi originelle, celle du premier homme qui a parlé. Nous sommes alors dans une « communauté de faire ». À la différence de la première communauté, je ne répète pas la sédimentation culturelle mais je dois réaliser la culture car cette réserve expressive est une série d'exigences, un appel qui m'invite à poursuivre cet effort d'expression. Cela n'est possible que si je réveille en moi l'expressivité du corps et du monde vécu. Autrui ne pourra me comprendre qu'en faisant la même opération, ce qui met en contact nos singularités. Cependant Merleau-Ponty précise que rien ne garantit cette entreprise expressive mais sa possibilité est aussi ce qui ouvre la sédimentation à un avenir, à une dialectique entre la signification faite et la signification à faire.

Vocabulaire

La sédimentation : Cette notion apparaît dès la *Phénoménologie de la perception* mais ne prendra tout son sens que dans la pensée de l'expression puis de l'institution qui apparaîtra dans les écrits des années cinquante. Refusant l'existence de réalités intellectuelles séparées du monde vécu, Merleau-Ponty fait de la sédimentation le vrai lieu du sens, des idées. Il y a sédimentation quand une de nos opérations expressives s'intègre à la culture et se transforme en tradition. Elle est aussi le lieu de l'intersubjectivité car elle rend possible la communication et garantit l'appartenance à un même monde.

Portée

Ce premier jalon d'une pensée de l'histoire esquisse ses principales lignes de force : l'histoire est un niveau de réalité intermédiaire entre les hommes et les choses, un niveau symbolique ; de plus, il faut admettre une précarité de l'histoire, une contingence irréductible qui fait d'elle une aventure. Ce dernier point rendra délicate l'affirmation d'une rationalité de l'histoire et aura des répercussions sur la possibilité de juger les événements historiques.

> *L'unité de la peinture, elle n'est pas seulement au Musée, elle est dans cette tâche unique qui se propose à tous les peintres, qui fait qu'un jour ils* seront *comparables, et que ces feux se répondent l'un à l'autre dans l'avenir.*

« Le langage indirect et les voix du silence », *Signes*, p. 97.

Idée

Malgré la singularité de chaque peintre et de ses créations, ces dernières seront comparables aux créations des autres artistes. Si l'art forme un ensemble qui possède une homogénéité, ce n'est pas parce que les œuvres sont rassemblées dans des musées réels ou imaginaires mais parce qu'elles sont toutes des réponses au problème de l'expression de l'être naturel.

Contexte

« Le langage indirect et les voix du silence » est un dialogue avec les théories formulées par André Malraux dans *La psychologie de l'art* où ce dernier donne une spécificité à l'époque moderne qui serait la seule selon lui à donner une unité à l'art et à pouvoir comparer les différentes formes artistiques dans un Musée imaginaire, une sphère abstraite où se poursuit un immense dialogue artistique. Merleau-Ponty propose en contrepoint une théorie de l'art capable de penser son unité sans recourir à l'intervention d'une spiritualité quasi divine.

Commentaire

Dans *La psychologie de l'art*, André Malraux propose une histoire des formes influencée par la philosophie idéaliste de Hegel. En effet, la présence d'un style artistique même dans des miniatures qui rendent cette présence invisible à l'œil nu l'amène à penser l'existence d'une spiritualité, d'un Esprit objectif qui se manifesterait à travers les artistes malgré eux. Le concept central de cette histoire est le Musée imaginaire qui est la spécificité de notre modernité. Alors que toutes les civilisations avaient donné une fonction à l'art (une fonction essentiellement religieuse), la nôtre n'a pas simplement libéré ses artistes mais a métamorphosé l'intégralité de l'univers des formes en séparant ces dernières de leur fonction primitive et en les regardant uniquement en tant que création artistique. Ainsi, les masques africains et la statuaire du Moyen Âge sont devenus équivalents à la peinture moderne et c'est pourquoi nos artistes peuvent s'inspirer librement de ces créations qui n'avaient pas directement un but artistique. L'ensemble de ces formes compose un Musée imaginaire qui totaliserait abstraitement les œuvres d'art et dans lequel elles pourraient dialoguer quelle que soit l'époque où elles ont été créées. Nos musées réels n'en sont que de lointaines approximations et, finalement, internet est peut-être la concrétisation la plus aboutie de ce Musée imaginaire.

Merleau-Ponty ne rejette pas vraiment l'hypothèse de Malraux mais affirme qu'elle est insuffisante pour penser l'unité de l'art car celle-ci n'est pas un privilège de notre modernité. L'existence du musée réel ou l'hypothèse d'un Musée imaginaire ne transforment pas l'hétérogénéité des formes artistiques en un ensemble unifié puisque chaque époque, chaque civilisation à ses formes d'expression et, dans les civilisations ou les époques où il n'est plus anonyme, chaque artiste pense n'exprimer que son individualité et peut choisir de s'opposer à l'art existant. Néanmoins ces cultures et artistes participent à la même quête, ils tentent de résoudre le même problème que les autres cultures et les autres artistes car leur tâche unique est l'expression du monde vécu, de l'être muet que nous habitons. Même les artistes voués à participer à une fonction religieuse ont à créer des formes et donc à exprimer ce monde, ils s'inscrivent dans la même quête. Dans son cours sur l'institution de 1954-1955, Merleau-Ponty montre cette unité à travers le problème de la figuration de l'espace et de la perspective, problème qui forme une histoire de l'Antiquité jusqu'à notre modernité sans qu'elle soit une histoire linéaire puisque c'est une histoire faite d'arrêts, d'accélérations, d'échos…

Ainsi, malgré toutes leurs différences et leurs oppositions, les formes artistiques sont destinées à se retrouver, à se faire écho, à devenir une tradition qui fera office d'exigences pour les artistes futurs en proposant « l'art à faire » de l'époque suivante.

Vocabulaire

Musée : Cette invention de notre civilisation n'est pas simplement un changement d'endroit pour exposer les œuvres d'art. André Malraux y voit une transformation de l'essence de l'art car la valeur de l'œuvre ne réside pas dans son existence et sa fonction, mais dans sa simple exposition. À partir des musées réels, on peut donc concevoir un Musée imaginaire qui rassemblerait toutes les productions artistiques malgré leur époque et leur culture d'origine. Merleau-Ponty relativise cette notion car l'existence du Musée transforme moins l'essence de l'art qu'il ne la révèle. L'unité de l'art constatable grâce aux musées était déjà présente dans la quête qui a toujours animé la création artistique.

Portée

En affirmant l'unité de l'histoire de l'art sans recourir à une puissance transcendant l'existence de chaque homme, Merleau-Ponty construit patiemment un cadre qui lui permettra de penser le sens global de l'histoire. Celui-ci ne doit pas être conçu comme un plan prédéfini mais comme une interrogation, un problème qui se concrétise dans une série de solutions qui peuvent se répondre les unes les autres. L'unité et la rationalité de l'histoire résident donc moins dans une solution définitive que dans un problème unique.

> « *La puissance ou la générativité des œuvres excède tout rapport positif de causalité et de filiation.* »

Chapitre IV, *L'œil et l'esprit*, p. 63.

Idée

Il est indéniable que les œuvres d'art se répondent et on peut voir des ressemblances, des reprises qui nous obligent à penser une relation entre elles. Merleau-Ponty pose une limite à cette mise en relation car la notion de causalité et le mécanisme qui la sous-tend ne sont pas des notions pertinentes. Si les œuvres sont des expressions du monde vécu, leur production doit excéder le processus causal qui ne trouve sa pertinence que dans le monde objectif.

Contexte

Dans le quatrième chapitre de *L'œil et l'esprit*, Merleau-Ponty reprend le problème de l'histoire des formes expressives dans le cadre de sa nouvelle ontologie. Il relie immédiatement l'histoire de l'art avec l'histoire globale et le questionnement métaphysique, ce qui montre une nouvelle fois que ses réflexions sur la création artistique doivent être comprises à partir de la totalité de son projet philosophique car les processus présents dans l'histoire de l'art ont valeur de modèle pour penser l'histoire globale.

Commentaire

Malgré l'unité qui parcourt l'histoire des formes, il est impossible de voir dans la succession des créations artistiques une trajectoire linéaire et l'idée même d'un progrès y a très peu de sens. On peut d'autant moins dire qu'une œuvre est dépassée que son influence peut se réveiller des siècles après sa création lorsqu'on l'interprétera d'une nouvelle manière. De plus, la prétention à décrire une histoire de l'art qui se déploiera selon une stricte nécessité supposerait que l'on soit capable de saisir le sens global de chaque œuvre pour pouvoir lui donner la place adéquate dans cette succession. En effet, il faut être capable d'affirmer ce qu'elle a apporté à l'histoire pour lui attribuer la place et l'importance qui lui revient.

Or l'histoire des formes ne suit pas une nécessité et une œuvre n'a pas de sens global qu'on pourra exprimer définitivement pour une raison qui rend caduc les notions que nous utilisons habituellement pour penser la succession. En effet, Cézanne ne succède pas à Monet comme un effet succède à une cause et même les notions de filiation ou d'influences utilisées pour penser la relation entre œuvres culturelles (lorsqu'on dit par exemple que Vélasquez a influencé Bacon) ne rendent pas compte entièrement de ce qui se joue entre elles.

En réalité, il y a dans chaque œuvre, comme dans chaque événement historique, une épaisseur de sens. Il ne s'agit pas d'un secret caché dans ses profondeurs puisque le sens est plutôt un appel lancé à ses spectateurs. Plus précisément, l'expression constitue à chaque fois une série d'appels comme autant de bouteilles à la mer. De même que je vais répondre à un comportement d'autrui par un autre comportement, je vais répondre à l'appel de l'art par mon interprétation, qu'elle soit pensée, parlée ou exprimée sous forme d'une œuvre d'art. La présence de cette nouvelle forme artistique ouvre donc à elle seule une histoire et on peut affirmer qu'elle contient déjà toutes les interprétations qu'on en fera. Il ne faut donc pas penser ce surplus de sens sous un mode intellectuel mais il s'agit bien d'une « puissance » qui lui est propre, un pouvoir de générer des interprétations et des reprises. La contingence de cette générativité est donc double car on ne peut ni savoir quand l'œuvre aura une réponse et quelle forme aura cette dernière.

Seul un regard superficiel voit dans le rapport entre les œuvres une causalité ou une influence directe car il oublie tous les méandres suivis par l'histoire des formes expressives. L'historien de l'art doit donc faire preuve d'une grande familiarité avec elle pour retrouver ce surplus de sens et ses effets dans l'histoire. Le rapport entre les œuvres doit donc être pensé par la rencontre entre la puissance signifiante de l'œuvre première et le projet existentiel de l'artiste qui sera influencé par elle. Cette analyse montre que l'affirmation d'une unité des formes artistiques n'exclut pas la présence de segments qui ont leur propre historicité et qui sont liés à des œuvres qui vont ouvrir un nouveau champ artistique.

Vocabulaire

Générativité : On ne peut comprendre la puissance de l'expression, en particulier dans l'art, et sa capacité à en générer de nouvelles tant que la notion de sens est conçue abstraitement et est identifiée au concept. La redéfinition du sens à partir de l'usage, de l'appel à une réponse et la comparaison de toutes les formes d'expression avec le geste éclairent la générativité de l'expression artistique. Elle est en quelque sorte inachevée tant que le spectateur ne l'interprète pas ou qu'un artiste n'y répond pas par sa propre création.

Portée

La puissance des formes expressives, cet appel à de futures réponses rend compte à la fois de la rationalité de l'histoire et de cette contingence qui fait appel à la liberté humaine. La comparaison de l'histoire des arts avec l'histoire globale permet ainsi d'abandonner une vision linéaire de cette dernière pour la concevoir plutôt comme une série de tentatives, de directions qui seront abandonnées ou reprises.

Un nouveau paradigme : l'institution

> « *Le temps est le modèle même de l'institution : passivité-activité, il continue parce qu'il a été institué, il fuse, il ne peut pas cesser d'être, il est total parce qu'il est partiel, il est champ.* »

Introduction, « L'institution dans l'histoire personnelle et publique », *L'institution, la passivité*, p. 47.

Idée

L'introduction de la notion d'institution au fondement de l'histoire rend nécessaire une réflexion sur le dynamisme qui lui est propre, sur sa capacité à faire histoire. Merleau-Ponty prend modèle sur le temps qui se définit à la fois par ce qu'il a été et par son jaillissement futur mais surtout par la permanence du moment passé dans les suites qu'il a engendrées.

Contexte

Après l'abandon de *La prose du monde*, Merleau-Ponty ne cherche plus à compléter le point de vue phénoménologique par une théorie de l'expression mais cherche un nouveau départ détaché de la philosophie du sujet. Le cours sur l'institution est donc crucial dans cette démarche même si ses acquis n'ont pas pu être vraiment intégrés aux chapitres rédigés du livre terminal *Le visible et l'invisible*.

Commentaire

Le début des années cinquante a été une série de ruptures pour Merleau-Ponty : rupture avec le parti communiste, rupture avec Sartre et finalement rupture avec la phénoménologie. La notion d'institution qu'il va développer dans ce cours au Collège de France est explicitement liée à la dernière mais sa nécessité est aussi la conséquence des deux premières. Cette notion permet à la fois de repenser la métaphysique, la politique et l'événement. Les bénéfices attendus ont cependant une contre-partie. Lorsqu'il introduit cette notion, elle n'est avant tout qu'un mot et il a encore à construire son champ conceptuel, c'est pourquoi il va utiliser le temps comme modèle pour penser l'institution et sa capacité à ouvrir une histoire.

La présence de l'institution est comparable à la présence du temps. Cette comparaison montre que malgré sa volonté de rupture il y a une unité indéniable de la pensée de Merleau-Ponty car la *Phénoménologie de la perception* faisait déjà du temps une notion centrale de la métaphysique.

Le temps dépasse l'opposition entre l'objectif et le subjectif. Il n'est pas un cadre objectif qui m'englobe sans être identifiable à la conscience du temps et appartient à cet intermonde entre les hommes et les choses tout comme l'institution. Il a aussi une passivité car ce qui est passé est acquis pour toujours. Le passé dure, cela signifie qu'il continue à insister et la passivité présente dans cette immobilité du temps est la condition de son activité. En effet, le passé ouvre un champ de présences, il ne définit pas un avenir irrémédiable mais il rend nécessaire qu'il y ait un avenir. Il est donc à chaque une totalité ouverte en attente de son futur. La quasi-éternité des instants devenus passés explique pourquoi ce n'est pas l'instant le plus proche chronologiquement qui déclenchera le prochain futur. La simultanéité de tous les instants dans la présence du temps est à l'origine de son imprévisibilité. Ce n'est pas le futur qui choisit son passé, car il serait un surgissement doté de sa propre force, mais il n'y a pas une filiation objective entre ces deux dimensions du temps car le passé ne choisit pas non plus son futur. Ainsi, le temps est à la fois total et partiel et il unit toutes ses parties sans pourtant épuiser sa générativité comme s'il était à chaque fois une éternité ponctuelle. En faisant du passé un champ de présences, Merleau-Ponty lui donne une essence difficile à penser: ni subjectif, ni objectif, il n'est ni une réalité, ni une chose ni un non-être mais fait partie de l'intermonde que Merleau-Ponty aurait approfondi dans l'ontologie de la chair.

En prenant le temps comme modèle pour penser l'institution, Merleau-Ponty se donne ainsi un cadre conceptuel pour penser la puissance non mécanique de l'institution et une histoire non-linéaire.

Vocabulaire

Le temps : Cette notion, fondamentale pour toute philosophie de l'existence est le point culminant de la *Phénoménologie de la perception* qui en fait l'essence de la subjectivité. Dans ce texte, le temps est un surgissement qui insère du non-être dans l'être à partir du projet de la subjectivité. Ce projet réorganise les moments présents ainsi que leur horizon temporel. Sans abandonner la générativité du temps et la simultanéité des moments passés, Merleau-Ponty ne va plus fonder le temps sur la subjectivité mais en fera une caractéristique de la nature et de l'institution bien qu'il privilégie de plus en plus l'espace pour penser le réel et la subjectivité.

Portée

Cette première approche de la notion d'institution éclaire quel type d'historicité elle peut initier. L'histoire ne peut être que discontinue car chaque institution déclenche sa propre suite historique mais cela ne signifie pas que les événements antérieurs sont effacés. Ils peuvent être intégrés à la nouvelle organisation du temps engendrée par l'institution, ce qui explique les phénomènes d'écho entre événements séparés de plusieurs siècles. Cette analogie entre le temps et l'institution permettra de décrire l'historicité de tous les domaines où se trouve la dimension du sens.

> *On entendait donc ici ces événements d'une expérience qui la dotent de dimensions durables, par rapport auxquelles toute une série d'autres expériences font sens, formeront une suite pensable ou une histoire.*

Résumé de cours, « L'institution dans l'histoire personnelle et publique », *L'institution, la passivité*, p. 162.

Idée

Cette définition de la notion d'institution met en avant son ouverture, son historicité puisqu'elle n'est en fait pas définie par elle-même mais par ses suites. L'institution ouvre donc l'exigence d'un avenir, elle est l'appel à une suite. Cet appel est ce qui donne sens, ce qui unifie l'ensemble des expériences qui lui seront liées. Sa générativité ne peut pas être pensée sous le mode de la causalité mais on peut la comparer à la relation entre une question et sa réponse.

Contexte

Ce résumé du cours sur l'institution au Collège de France montre tout l'enjeu de l'introduction de cette nouvelle notion. Elle est une tentative pour dépasser les difficultés de la philosophie de la conscience à penser notre insertion dans le monde et nos relations à autrui et à l'histoire. L'institution a pour vocation de remplacer l'hypothèse d'une conscience constituante. Le monde n'est pas constitué par la conscience et son projet mais, au contraire, le sujet s'insère dans un monde déjà institué. Cette notion met à jour un retard essentiel de la conscience par rapport à l'univers du sens qui, de son point de vue, est toujours déjà présent.

Commentaire

L'émergence des notions d'institution puis de chair durant les années cinquante montre comment Merleau-Ponty utilise les inventions conceptuelles pour poursuivre sa pensée. D'une certaine manière ces notions sont des institutions. Merleau-Ponty ne les apporte pas avec un réseau conceptuel prédéfini mais les laisse au départ dans une relative indétermination. Elles deviennent ainsi des guides pour penser, elles ont un pouvoir d'évocation. Le rôle du philosophe est d'explorer le champ ouvert par ces notions afin de leur donner une cohérence. Elles ouvrent donc de nouveaux champs que le penseur devra explorer.

La définition de l'institution indique tout de suite qu'elle propose une historicité reliée à la notion de sens. Puisque l'institution est un événement, elle possède un moment d'émergence datable chronologiquement mais qui n'en fait pas l'historicité fondamentale. Son histoire commence quand un événement ouvre un champ. Par conséquent, tous les événements ne font pas institution. L'événement qui fait institution est un appel à une suite, il a un sens inachevé et ne sera une institution qu'après coup, lorsqu'il aura cette suite. Si son appel reste lettre morte, on ne peut pas le désigner comme institution. Il y a donc un rapport dialectique entre l'institution et sa suite. L'institution donne un sens à sa suite, lui confère une unité et sa suite réalise son sens. Pour approcher ce rapport dialectique on peut comparer l'institution à une parole et plus précisément à la première parole prononcée par l'homme. Tant que cette parole ne recevait pas de réponse de la part d'autrui, tant qu'elle n'était pas comprise, elle restait une suite de sons inarticulée. Au moment où elle reçoit une réponse, elle devient parole. On retrouve ainsi cette rétroaction dans l'historicité de l'institution. Mais l'institution est aussi comparable à une interrogation et en ce sens l'histoire redevient une recherche (ce que montre Merleau-Ponty a travers l'exemple de la perspective en peinture). L'institution définit un style de réponse qui se retrouvera dans les événements qui lui feront suite, elle est donc une puissance organisatrice. Par exemple le tableau de Monet *Impression, soleil levant* est une institution car son sens est lié à la suite (l'impressionnisme) qu'il ouvrira et échappe à la maîtrise de Monet.

Ainsi définie, l'institution n'a pas un territoire délimité et la suite du cours montrera qu'elle est autant utilisable pour penser l'histoire d'un être vivant que l'histoire d'un être humain, l'histoire de l'art ou l'histoire publique. Cette diversité est nécessaire pour comprendre qu'il y a toujours de l'institution et qu'elle n'est pas seulement la création consciente de l'être humain. Elle peut donc être autant naturelle qu'artificielle. Dans tous les cas, elle échappe à la maîtrise de la conscience et il faut admettre que nous sommes toujours happés par l'institution, saisis par elle, c'est pour cette raison que le sens objectif de nos actions nous échappe.

Le silence de Merleau-Ponty sur l'exhaustivité de son énumération des niveaux d'institution ne doit pas suggérer qu'il s'agit d'un concept seulement méthodologique qui servirait au penseur à mettre de l'ordre dans une série d'événements mais c'est au contraire une fondation au sens métaphysique. La profondeur de l'être, de la chair ne peut jamais être enfermée dans une série de niveaux préétablis. La réalité se dévoile à travers l'ensemble des institutions sans que cet effort d'expression puisse un jour être achevé, contraignant ainsi l'ontologie à rester indirecte.

Vocabulaire

L'institution : Qu'elle soit naturelle, individuelle ou publique, l'institution est un champ de présences, un appel à un avenir. Elle donne un sens qui ne sera explicité que par ses suites. La générativité de l'institution est une puissance d'organisation car elle unifie une série d'événements, elle leur donne un style unique sans être pour autant une cause mécanique qui produirait nécessairement ses effets.

Portée

Cette nouvelle fondation de la philosophie est une étape essentielle pour décrire l'intersubjectivité et la dimension social-historique de l'humain. Au contraire de la philosophie de la conscience, la philosophie de l'institution ne sépare pas le sujet et autrui car ce que j'ai institué n'a pas son sens complet grâce à moi mais aussi grâce à sa reprise par les autres. La notion d'institution fait donc de l'histoire une aventure collective où le geste de chacun attend les gestes d'autrui qui seront autant d'échos à cette expression première.

Esquisse d'une typologie des institutions

« *L'exploration de ce passé n'est pas finie, ne le sera jamais, parce qu'il a été prématuration, amour absolu et impossible.* »

Institution et vie, « L'institution dans l'histoire personnelle et publique », *L'institution, la passivité*, p. 81.

Idée

Notre vie psychologique ne peut être comprise si on ne fait pas référence à l'institution du complexe d'Œdipe et le passage par l'institution de la puberté. Cet amour absolu pour la mère, interdit et prématuré car incompréhensible pour l'enfant, est le modèle de toute notre vie amoureuse. Cela ne signifie que nos relations amoureuses n'en seront que la répétition mais que l'institution de la puberté entraînera l'exploration infini de ce passé pendant toute notre vie.

Contexte

Après avoir défini l'institution, Merleau-Ponty va esquisser une typologie d'institutions et décrire les différents niveaux de réalités où cette notion est opérante. Après avoir séparé deux grands groupes, l'histoire personnelle et l'histoire publique, il les précise tour à tour. L'histoire personnelle se verra déclinée en trois niveaux d'institution : l'institution dans le vivant, dans l'ordre des sentiments et dans l'art. La reprise des stades du développement psychique proposés par la psychanalyse a lieu lors de l'analyse de l'institution dans l'histoire de l'être vivant afin de préciser la temporalité spécifique à l'être humain.

Commentaire

Une nouvelle fois, Merleau-Ponty entame un dialogue avec la psychanalyse freudienne pour approfondir son analyse de la subjectivité. Alors que la *Phénoménologie de la perception* interprétait le pansexualisme freudien comme une atmosphère qui définit la stylisation de notre être au monde, Merleau-Ponty s'intéresse dans ce cours au passage à la puberté définie comme institution. La notion d'amour reste néanmoins le dénominateur commun à ses deux analyses et Merleau-Ponty n'abandonnera jamais l'idée d'un érotisme présent dans notre rapport au réel.

Dans ce cours sur le rapport entre institution et vie, Merleau-Ponty aborde le problème de la spécificité de la psychologie humaine à partir du problème de la puberté dont il va décomposer les éléments : une maturation biologique, une expérience psychologique vécue durant les années de latence, les soins parentaux et l'appropriation des rôles sociaux ; cependant ces éléments restent en eux-mêmes insuffisants et isolés les uns des autres et ne pourront s'organiser en une unité que par le réveil de l'histoire œdipienne et avec de toute l'histoire archaïque de l'individu. L'institution de la puberté va donner un nouveau sens à ce passé psychologique en fonction des nouveaux éléments présents dans le vécu de l'individu. Merleau-Ponty précise que l'institution est toujours une reprise d'une institution préalable qui a posé une question, elle ouvre à nouveau cette dernière dans une totalité autrement centrée. L'histoire est donc composée de segments liés entre eux par une logique souterraine inscrite dans l'ensemble des formes expressives. On peut donc concevoir l'œdipe comme une première institution qui a ouvert la question amoureuse mais qui est condamnée à échouer car prématurée. Il va poser cet amour pour la mère comme amour absolu, indépassable et sera le scénario paradigmatique de ce que doit être un amour. Par conséquent, lorsque l'institution de la puberté va réveiller la question amoureuse, elle devra aussi réveiller cet échec de l'œdipe. Notre vie amoureuse adulte ne sera pure création ou pure répétition de cette première histoire que dans les cas limites. Dans les autres, cet amour absolu et tout le passé qu'il clôt sera exploré et réinvesti dans le style de l'institution pubertaire mais l'insistance de cet amour absolu ne cessera de questionner toutes nos histoires d'amour et c'est pour cette raison que le développement psychologique n'est jamais un progrès définitif mais est toujours sujet à la possibilité d'une régression. L'histoire ouverte par la puberté est donc à jamais incomplète, elle est perpétuelle recherche, tentative inassouvie pour dépasser l'échec de l'institution œdipienne.

Vocabulaire

La prématuration : Cette notion psychanalytique trouve naturellement sa place dans cette pensée de l'institution car elle est liée elle aussi à une temporalité non linéaire. La prématuration de la vie psychologique infantile dans sa dimension affective fait qu'elle devra être dépassée dans la vie amoureuse normale et mature qui s'enclenchera à partir de la puberté tout en continuant à insister, à donner un style intérieur à cette vie amoureuse.

Portée

La puberté est l'archétype de l'institution car elle dépasse les oppositions entre l'activité et la passivité et entre le corporel et le psychique puisqu'elle n'est possible que par la maturation somatique tout en prenant une dimension psychologique par le réveil de notre histoire prépubertaire. Ainsi, l'institution doit être pensée comme un double mouvement, à la fois coupure du temps, établissement d'un avant et d'un après, mais aussi reprise du passé où tous les anciens présents sont devenus simultanés, la nouvelle institution ayant à reprendre le questionnement de la précédente en réorganisant les données du problème.

« *Le capital doit être considéré comme institution et non comme ombre, trace en creux d'une production socialiste, d'une société sans classe,* i.e. *de la conscience absolue où chacun n'est chacun qu'en étant tous.* »

Introduction, « L'institution dans l'histoire personnelle et unique », *L'institution, la passivité*, p. 60.

Idée

Au contraire d'un marxisme réducteur qui envisagerait toutes les formes économiques, dont le capitalisme, comme des étapes imparfaites vers la société sans classe, la notion d'institution permet de lui redonner une réalité : l'existence du capital comme réalité économique réorganise les règles de l'économie et a donc un pouvoir expressif.

Contexte

L'introduction de la notion d'institution ne pouvait pas laisser intacte les philosophies de l'histoire classiques, c'est-à-dire celles de Hegel et de Marx, et il est indéniable qu'elle joue un rôle politique en proposant une alternative aux positions de Sartre et du marxisme stalinien. Cet éloignement vis-à-vis du marxisme n'est cependant pas un passage à l'anticommunisme et la notion d'institution ne prouvera sa pertinence que si elle est capable d'égaler en clairvoyance les analyses marxistes du capitalisme.

Commentaire

Une des fonctions de la notion d'institution est de prendre le relais du matérialisme historique marxiste et de sa décadence. L'analyse du capitalisme est donc un enjeu crucial pour déterminer la pertinence de cette nouvelle notion car cette nouvelle théorie de l'histoire et de l'action politique n'aura de valeur que si elle a une capacité au moins équivalente à éclairer notre modernité.

Le marxisme, ou du moins ses aspects les plus réducteurs, analyse le capitalisme en l'intégrant à un schéma historique global. Il lui faut par conséquent évaluer toutes les formes économiques à partir de l'état de la société à la fin de l'histoire, c'est-à-dire la société sans classe. Selon sa vision matérialiste de l'être humain, Marx considère que la psychologie humaine est déterminée par la société. Par conséquent, dans la société sans classe, l'homme ne serait plus individualiste, il n'aurait plus à s'opposer aux autres mais l'intérêt général et l'intérêt particulier se confondraient réalisant ainsi une forme d'universalité dans chaque individu. Au contraire, la société capitaliste est une société divisée en classe sociale et l'économie détermine logiquement les hommes à devenir individualistes et rivaux puisque les seuls rapports possibles entre les hommes sont la lutte et l'exploitation. C'est donc par rapport à cette société sans classe que le capitalisme est considéré comme imparfait, il n'est que « l'ombre » de cette société sans classe, qu'une étape vers sa réalisation.

Merleau-Ponty va se démarquer de cette analyse en faisant du capital une institution, ce qui le dote d'une générativité. La libération du processus d'accumulation et d'investissement a une force propre qui change le sens des éléments de l'économie féodale qui vont persister dans la nouvelle économie à côté d'éléments plus inédits. Le rapport du capital au capitalisme n'est pas celui d'une cause et de son effet mais d'une force symbolique qui donne un style unique à des composantes historiques diversifiées. On voit ici ce que le concept d'institution doit à celui d'idéal-type chez Weber : ils circonscrivent un ensemble de faits qui ont une parenté, ce qui est le cas pour tous les phénomènes qui définissent l'économie capitaliste et qui découlent de la présence du capital comme force symbolique. La pensée de l'institution n'est plus une vision panoptique de l'histoire mais un souci des séquences historiques. En conséquence, l'hypothèse d'un sens global de l'histoire est une illusion qui oublie l'hétérogénéité entre les institutions économiques qui sont apparues au cours de l'histoire. Une révolution marxiste ne serait pas l'établissement d'une économie enfin rationnelle mais serait une nouvelle institution. Elle ne serait pas plus la fin de l'histoire que le capitalisme. La notion d'institution a donc ici un effet de démystification en délestant le marxisme de son aspect prophétique.

Vocabulaire

Le capital : L'accent mis sur cette notion indique clairement le déplacement de la lecture de Marx par Merleau-Ponty. Tant qu'il s'inscrivait dans une philosophie de la conscience, Merleau-Ponty valorise le premier Marx, celui des *Manuscrits de 1844*, dont la vision anthropologique dénonce l'aliénation des prolétaires dans le capitalisme. Peu à peu, et ce jusqu'à une note de travail de mars 1961 écrite deux mois avant sa mort, c'est le Marx des derniers textes qui retient son attention et la conception non anthropologique de l'histoire liée à la notion de capital. Ce dernier est selon Merleau-Ponty un « mystère de l'histoire », expression qu'il faut rapprocher de celle de « miracle de l'expression » qu'il utilise à plusieurs reprises. Il désigne une richesse investie dans l'économie pour en tirer un profit. La présence même du capital est une force symbolique qui semble produire elle-même de la valeur et dévaloriser le travail. Le capital devient alors dans l'économie capitaliste l'ultime source de la valeur.

Portée

Même si Merleau-Ponty n'a pas eu le temps de faire converger ses analyses sur la politique et l'histoire et sa nouvelle ontologie malgré une annonce à demi-mot dans la préface qui ouvre *Les aventures de la dialectique*, ses deux domaines ont toujours été souterrainement reliés. La notion d'institution est donc l'ouverture d'une philosophie non centrée sur la conscience et d'une pensée de l'histoire non marxiste.

L'histoire entre contingence et rationalité

> « *Que ce soit pour l'adorer ou la haïr, on conçoit aujourd'hui l'histoire et la dialectique historique comme une Puissance extérieure.* »

« Le langage indirect et les voix du silence », *Signes*, p. 113.

Idée

La décadence de la pensée dialectique au cours du vingtième siècle a créé un nouveau dieu car la dialectique n'est plus une opposition mais un destin. Face à elle, il ne reste qu'à choisir entre l'adoration et la soumission à son déroulement ou le rejet.

Contexte

L'analyse de l'historicité des formes expressives a montré qu'il est inutile de recourir à un sens de l'histoire supérieur aux hommes pour penser sa rationalité. Merleau-Ponty généralise cet acquis à la fin de son article pour rejeter le dogmatisme de Hegel et du marxisme et plus précisément leur vision mécanique de la dialectique qui est aussi prisonnière de cette pensée du survol.

Commentaire

Il y a une frénésie dans les recherches philosophiques de Merleau-Ponty durant les années cinquante qui contraste fortement avec la quiétude des deux décennies précédentes pendant lesquelles il effectue en parallèle une analyse de la perception et un approfondissement du marxisme. La rupture avec la phénoménologie et le marxisme l'oblige donc à faire dans ses cours au Collège de France un bilan complet du socle conceptuel sur lequel il a construit sa pensée.

Le cours consacré à la dialectique distingue trois sens de cette notion : c'est une pensée des contradictoires, une pensée subjective (en tant que l'essence de la subjectivité est de n'être jamais en repos, d'être toujours en dehors de soi-même) et une pensée circulaire (au sens où ce qui est dépassé et aussi conservé). Malheureusement ce mouvement dialectique peut se fossiliser et se transformer en esprit de système ou tomber dans l'illusion d'une dialectique présente dans la nature elle-même.

Dans cette mauvaise pensée dialectique, l'histoire acquiert le même statut que dieu. C'est une force supérieure aux hommes et, malgré tout ce qui les oppose, Staline et Sartre sont victimes de la même erreur sur la dialectique. D'un côté, l'objectivisme stalinien fait de l'avènement du communisme une nécessité historique et, par conséquent, tous les moyens peuvent être utilisés pour arriver à cette fin. Cette prétention à gouverner en fonction de la vérité historique justifie le rejet de toute forme de critique, allant même jusqu'à l'assimiler à une trahison lors des procès de Moscou des années trente. De l'autre, Sartre adopte une haine de la dialectique dans *Les communistes et la paix* car l'incapacité à entrevoir un cheminement de l'histoire le conduit à désespérer de la dialectique et à lui préférer un subjectivisme. Puisque le prolétariat s'est détaché de l'histoire, il doit suivre le Parti en dehors duquel il n'a aucune existence comme classe. C'est la subjectivité du parti qui fait la classe sociale. Quelle que soit l'attitude choisie, cette mauvaise dialectique conduit à un aveuglement, à une soumission à l'efficacité et à un reniement de l'esprit critique.

Merleau-Ponty entrevoit cependant la possibilité d'une réhabilitation de la dialectique qui passe justement par l'esprit critique, ce qu'il appelle l'hyperdialectique. Il faut penser la décadence de la pensée dialectique comme un processus qui a sa propre histoire et dont il faut suivre les méandres pour la dépasser, ce que fera justement *Les aventures de la dialectique* en se proposant d'examiner la séquence qui va de Lukács à Sartre.

Le réveil de la pensée dialectique nécessite la prise de conscience de cet intermonde entre les hommes et les choses où se situent l'expression et l'institution et l'on comprendra ainsi que le choix entre fatalisme et volontarisme n'a pas lieu d'être quand il s'agit de l'histoire.

Vocabulaire

La dialectique : Cette notion est présente dans l'ensemble du parcours de Merleau-Ponty. Dans un premier temps, elle est utilisée implicitement comme pensée des contradictions et permet de dépasser les dualismes hérités de la tradition philosophique (les oppositions sujet/objet, corps/esprit, moi/autrui…). Elle devient de plus en explicite durant les années cinquante et rend compte du dynamisme des formes expressives et de l'institution. Elle est aussi utilisée comme hyperdialectique pour combattre les déviations de la mauvaise dialectique en déconstruisant son esprit de système et en montrant que ces déviations suivent un chemin lui-même dialectique.

Portée

En pleine guerre froide, ce rejet de la mauvaise dialectique n'est pas simplement un parti pris spéculatif. Il fait partie d'une étape nécessaire pour penser une gauche non marxiste, une gauche capable d'assumer l'existence d'une opposition et de proposer un avenir sans y sacrifier aveuglement le présent.

> *La vie personnelle, la connaissance et l'Histoire avancent obliquement, et non pas droit vers des fins ou des concepts.*

« Le langage indirect », *La prose du monde*, p. 159.

Idée

Le statut de modèle que Merleau-Ponty donne à l'histoire de l'art apporte un nouvel éclairage à tous ces domaines où il est question de sens et d'expression. Les trois cités indiquent que c'est l'ensemble de la condition humaine qui doit être repensé en fonction d'une historicité qui ne peut plus être conçue comme un progrès linéaire mais comme l'avancée oblique de l'ensemble du domaine de l'expression interdisant toute maîtrise du sens définitif de nos actions.

Contexte

Il n'est sans doute pas anodin que Merleau-Ponty ait dédicacé cet article à Jean-Paul Sartre car il n'est pas seulement une réponse à « Qu'est-ce que la littérature ? » mais aussi une mise en garde vis-à-vis de la soumission de son ami au dogme marxiste. Certains problèmes doivent être affrontés obliquement et l'histoire en fait partie. Le détour par le domaine moins polémique de l'art était donc nécessaire pour arriver à cette conclusion sur la logique présente dans l'histoire dans cette période où les deux grandes puissances s'affrontent en Corée.

Commentaire

La métaphysique classique faisait de tout processus le déroulement d'un concept. Tout processus avait une perfection ou imperfection selon le degré de conformité à son essence. Quel que soit le type d'historicité étudié (l'histoire individuelle, l'histoire du savoir, l'histoire publique) la métaphysique classique applique cette même logique et les philosophies de l'histoire du dix-neuvième siècle de Hegel et de Marx n'ont pas complètement abandonné ce schéma et en ont même gardé l'essentiel. Leur dialectique leur a permis de prendre en compte le négatif présent dans l'histoire, les arrêts, reculs ou détours de ce processus. Néanmoins ils conservent une conception téléologique de l'histoire, l'idée que la réalisation de l'essence de l'histoire clôturera cette dernière par l'avènement du savoir absolu pour Hegel ou de la société sans classe pour Marx.

Dans l'article « Le langage indirect et les voix du silence », Merleau-Ponty ne dialogue pas avec les thèses d'André Malraux sur l'histoire de l'art par hasard. À travers lui, c'est la philosophie hégélienne et la philosophie de l'histoire qui continuent à s'exprimer. De plus, il n'était sans doute pas souhaitable d'esquisser une philosophie non marxiste de l'histoire en 1952 en pleine guerre de Corée et dans une des périodes les plus tendues de la guerre froide sur le plan politique. Cette prudence a rendu néanmoins possible la contestation de toute vision téléologique et messianique de l'histoire à partir de l'examen des méandres de la création expressive.

Notre vie personnelle est expressive puisque son intentionnalité organise ses caractéristiques biologiques, psychologiques et sociologiques dans un projet existentiel sans que ce projet puisse être conçu comme un but à atteindre mais est plutôt un style, une manière d'être au monde qui se retrouve dans tous les hasards d'une vie. Ce projet se représente moins par une ligne droite que par une spirale où chaque rencontre est l'occasion de revenir sur ce fond naturel d'où il émerge. L'histoire publique contient une interrogation de l'être social qui a créé une diversité de solutions sous formes d'institutions qui ne sont jamais entièrement comparables. L'histoire de la connaissance ne semble pas à première vue reprendre ce schéma car nous pensons spontanément que le savoir se dévoile, s'enrichit selon une progression logique. En réalité, l'approfondissement de l'histoire des sciences montre à quel point le savoir avance aussi par une série de bifurcations, de reprises de solutions jadis abandonnées, de réorganisations selon un autre lexique. Seul un regard superficiel ne retient que les acquis définitifs et recrée l'image d'une exploration linéaire de la vérité. Il faut donc admettre que ces trois domaines et l'ensemble de la vie expressive avancent obliquement.

Vocabulaire

L'histoire : Dans sa dimension existentielle, politique ou artistique, l'histoire est une préoccupation majeure de Merleau-Ponty. Elle est avant tout histoire à faire, exigence d'un avenir sans être séparé de son passé qui se définit par la simultanéité de tous les instants antérieurs. La rationalité de l'histoire ne peut pas être affirmée dogmatiquement car elle n'est pas soumise à une puissance extérieure à l'homme et aux événements mais la force expressive de l'événement garantit la possibilité d'une reprise qui crée ce lien quasi invisible comparable à un parcours dans l'histoire.

Portée

Cette avancée oblique ne peut qu'agacer tous les impatients qui veulent garantir leur action par le dévoilement du but véridique de l'histoire car elle nous oblige à accepter l'idée que nous pouvons être acteurs de nos vies et de l'histoire sans jamais en être les maîtres.

« *Le monde humain est un système ouvert ou inachevé et la même contingence fondamentale qui le menace de discordance le soustrait aussi à la fatalité du désordre et interdit d'en désespérer.* »

Conclusion, *Humanisme et terreur*, p. 309.

Idée

Loin de succomber à l'absurde, l'existentialisme présent au cœur de la pensée de Merleau-Ponty après la Seconde Guerre mondiale refuse de choisir entre une rationalité garantie par une puissance extérieure et le non-sens. La rationalité présente dans l'existence personnelle ou publique est une rationalité à faire et il ne s'agit ni d'y croire ni de la nier.

Contexte

Humanisme et Terreur publié en 1947 est un ouvrage au statut ambigu et qui a été mal compris lors de sa publication. L'évaluation de la politique de l'URSS qu'il y mène à partir d'une réflexion sur les procès de Moscou révèle la fragilité grandissante de son soutien au marxisme et l'oblige à conclure par une conception renouvelée du sens de l'histoire.

Commentaire

Cette citation indique que les refontes théoriques qui ont ponctué le parcours de Merleau-Ponty ne sont pas l'équivalent d'un reniement et son inspiration existentielle demeurera présente jusqu'à la fin. La rupture avec le marxisme est loin d'être effectuée lors de l'écriture de *Humanisme et terreur* et on peut y lire en demi-teinte une défense de la politique de l'URSS bien que cette solidarité avec le mouvement communiste ne s'accompagne déjà plus d'une adhésion à certains présupposés du marxisme.

Les analyses précédentes ont en effet montré que l'idée d'un sens de l'histoire se réalisant avec une stricte nécessité est rejetée par Merleau-Ponty. Sans avoir encore le socle théorique que lui donnera l'analyse de l'expression et de l'institution il se propose déjà de formuler le cadre dans lequel il peut y avoir une rationalité dans l'histoire.

Il n'y a pas à choisir entre une raison infaillible de l'histoire et le chaos car ces deux alternatives se retrouvent dans l'idée d'une passivité de l'être humain. Qu'elle soit rationnelle ou chaotique l'histoire se fera avec ou sans l'homme. Au contraire, le point de vue existentiel réinscrit le sort de la rationalité historique dans l'existence humaine et sa liberté.

Si on nie l'existence d'une puissance extérieure à l'homme, les désaccords entre les hommes paraissent vouer l'histoire à une discordance inévitable mais en réalité cette discordance est présente car il y a une tâche commune de l'humanité. La communauté humaine n'est pas une création complètement artificielle, elle est la reprise explicite, instituée de notre appartenance commune au monde naturel, tous les hommes ont à porter sous forme de projets et d'institutions cet être sauvage que nous partageons et ce qui ouvre la possibilité d'une opposition entre les solutions ouvre aussi la possibilité d'un accord. Il n'y a pas de fin de l'histoire car cet effort d'expression, d'organisation de notre être naturel sera toujours inachevé bien que l'humanité forme un tout car chaque époque et chaque génération héritent des solutions sédimentées que l'humanité s'est données.

Vocabulaire

La contingence : Opposée à la nécessité, la contingence n'est pas rapprochée de l'absurdité par Merleau-Ponty mais de la fragilité. Le sens et l'histoire sont contingents car ils peuvent sombrer dans le chaos à chaque instant.

Portée

L'unité du parcours de Merleau-Ponty réside moins dans une fidélité conceptuelle qui n'a pas lieu d'être en philosophie que dans une fidélité stylistique. Son souci constant de penser à la fois la vulnérabilité de l'humain et la présence d'une communauté de valeurs et de significations se retrouve autant dans la pensée de l'existence de ses années phénoménologiques que dans sa théorie de l'art ou sa réflexion sur l'histoire politique.

5. Peut-on penser philosophiquement l'événement historique ?

Le rôle des intellectuels

> « *Ce qui rend pour nous inconcevable notre paysage de 1939 et le met définitivement hors de nos prises, c'est justement que nous n'en avions pas conscience comme d'un paysage.* »

« La guerre a eu lieu », *Sens et non-sens*, p. 170.

Idée

Bien comprise, l'analyse de la perception doit révéler que le monde perçu n'est pas simplement composé d'êtres concrets mais forme un horizon social, historique tout autant que naturel. Notre existence est située, ce qui signifie que nous avons à chaque instant un paysage mental quasi-inconscient qui définit ce qui est possible ou impossible pour nous. Lorsque les événements par leur force de rupture ont créé un nouveau paysage mental l'ancien devient incompréhensible.

Contexte

Publié en 1945 dans le premier numéro de la revue *Les Temps modernes*, cet article a une place à part. Par sa dimension autobiographique qui relate l'expérience de la guerre et de la condition de soldat, on assiste à la métamorphose de la conscience qui dévoile une exigence morale dans laquelle la recherche de la paix devient un critère à la fois d'action et de jugement.

Commentaire

Jusqu'en 1939 la guerre était inconcevable, elle ne faisait pas partie de l'ordre des possibles alors qu'en 1945 la relecture des événements des années trente la transforme en destin et seule une forme d'insouciance pouvait espérer le contraire. Merleau-Ponty affronte cette opposition pour comprendre s'il faut donner raison à l'individu de 1939 ou à celui de 1945.

Le problème de l'imprévisibilité de l'événement et de sa capacité à détruire toutes nos prévisions n'est pas ici l'essentiel. Merleau-Ponty ressent le besoin de décrire les différentes étapes de cette période et la nature des relations humaines qui s'y jouaient à chaque fois pour dévoiler ce qui s'est joué entre ces deux paysages sociaux.

Ni les prémisses de la guerre, ni l'expérience de la vie militaire et du combat n'ont transformé le fond de ce paysage de 1939. Il ne consistait pas simplement en une négation de l'éventualité de la guerre mais dans l'idée que l'histoire est faite d'individus et que la bonne volonté des différents pays pourrait arrêter la guerre. Le paysage de 1939 était fondé sur l'hypothèse d'une humanité où les hommes se reconnaissaient mutuellement.

Paradoxalement, l'effondrement de ce paysage s'est produit lors du retour à la vie parisienne pendant l'Occupation. Il devenait impossible de regarder les Allemands comme des individus sans accepter tacitement leur victoire. Le nouveau paysage qui se mettait en place révélait que les choix personnels de chacun engageaient une prise de position plus vaste et mettaient en jeu le type de société qu'ils valorisaient. Ce fut l'expérience de l'histoire, de ce flux collectif qui rend impossible la pleine maîtrise du sens de nos actions. En réalité, il ne s'agit pas ici de la mise en place d'un nouveau paysage car Merleau-Ponty montre qu'à la fin de la guerre seulement un nouveau paysage s'installe et reconduit les illusions précédentes comme s'il était de la nature d'un paysage mental de s'oublier comme paysage. Pour expliquer cet oubli, Merleau-Ponty utilise la notion d'institution sans qu'elle ait déjà le poids philosophique qu'elle aura dix ans plus tard. Le paysage renaît et s'efface à notre vue quand vient le retour des institutions, c'est-à-dire un socle social qui nous reconnaît tacitement malgré ses imperfections. Cette reconnaissance préalable permet de croire que l'enjeu de l'intersubjectivité est limité à mes rapports personnels avec autrui.

La déchirure du paysage s'est produite lors de la faillite des institutions qui a mis à nu les rapports d'oppression pendant l'Occupation. Ce texte peut être lu comme un manifeste de l'engagement de Merleau-Ponty et de l'équipe des *Temps modernes* par sa volonté de ne pas oublier cet entre-deux qui a dévoilé notre responsabilité. La décision existentialiste est de rester au plus près de cette dislocation de la perception qui rend possible une remise en cause des significations traditionnelles à partir desquelles se définissait l'univers social.

Vocabulaire

Le paysage : Un paysage est un champ perceptif. Même quand il s'agit d'un paysage naturel, il n'a jamais une réalité purement objective. Il y a paysage quand la perception découpe le monde perçu et unifie ce cadre. Il en est de même quand il s'agit d'un paysage social qui est une perception organisée du monde social, une certaine définition du rapport de l'homme à la société et à ses semblables. Il est construit sur un fond institutionnel qui lui donne son évidence et qui nous le rend insensible.

Portée

Le fait que notre pensée soit toujours historiquement située n'est pas un processus purement intellectuel et le retour du thème de la perception est essentiel pour comprendre en quoi elle ne se construit pas dans notre vie intérieure mais à l'horizon de notre monde vécu, elle en est l'expression latente. La claudication du philosophe est alors essentielle pour disloquer cette évidence du monde vécu et réveiller le fond expressif de ce paysage.

« *[Le rôle des intellectuels] est de rendre claire la situation idéologique, de souligner, par-delà les paradoxes et les contingences de l'histoire présente, les vrais termes du problème humain, de rappeler les marxistes à leur inspiration humaniste, de rappeler aux démocraties leur hypocrisie fondamentale, et de maintenir intactes, contre les propagandes, les chances de l'histoire de redevenir claire.* »

Conclusion, *Humanisme et terreur*, p. 298.

Idée

L'intellectuel a une fonction de dévoilement. Il n'a pas à incarner dogmatiquement une cause mais doit au contraire ramener toutes ces causes à leur source commune, la construction d'un monde social où la liberté de chacun serait reconnue, afin que le choc idéologique ne réduise pas l'histoire au non-sens de la violence.

Contexte

La situation idéologique d'après-guerre et la mise en place de la guerre froide ne laissaient guère de place à la critique car la pensée paraissait condamner à choisir entre le communisme et l'anti-communisme. Contre ce non-choix, *Humanisme et terreur* est une tentative pour éclairer le marxisme à partir de l'engagement existentialiste et pour guider la pensée dans les affrontements de cette époque.

Commentaire

Le réveil que fut la Seconde Guerre mondiale a rendu nécessaire une réflexion sur le rôle des intellectuels car tout repli dans le domaine de la pensée abstraite est une mauvaise foi qui oublie les conditions sociales qui rendent possible cette activité réflexive. La nouveauté du point de vue existentialiste dans le positionnement de l'intellectuel est de déplacer le problème de la rationalité. À côté d'une rationalité purement logique comme celle qui peut être présente dans une démonstration mathématique, il y a une rationalité existentielle où l'opinion de chacun va chercher de proche en proche l'accord avec autrui. Alors que la métaphysique et les idéologies issues des philosophies du dix-huitième et du dix-neuvième siècle n'ont pris en compte que la rationalité logique et ont supposé l'existence d'une vérité définitive pour penser le problème humain, la rationalité du point de vue existentialiste est une universalité à construire qui suppose que les désaccords sont dépassables par le dialogue. L'appartenance à un même monde naturel doit être l'horizon qui permettra de rapprocher les divergences d'intérêt. Le problème humain, c'est-à-dire la coexistence et la reconnaissance mutuelle entre les hommes, fait partie de cette forme de rationalité et par conséquent aucune idéologie ne peut prétendre détenir à elle seule la solution à ce problème. L'usage de la propagande pour imposer une solution idéologique ne peut que détruire la lucidité vis-à-vis de ce problème.

Par conséquent les intellectuels, ces fonctionnaires de la raison et de l'humanisme, ne doivent pas se transformer en intellectuels organiques faisant corps avec une idéologie mais doivent rappeler l'insuffisance de chacune. Le marxisme ne doit pas sacrifier l'humanité présente au nom de l'humanité future tout comme les démocraties libérales ne doivent pas accepter les inégalités humaines au nom du respect juridique des droits de chaque homme. Une idéologie recherche l'humanisme comme but quel que soit le prix à payer alors que l'autre croit l'avoir déjà réalisé et en conclut qu'elle n'a pas à s'amender mais il n'y a à choisir ni entre l'humanisme présent et l'humanisme futur, ni entre un humanisme juridique et un humanisme social. S'il ne veut pas être hypocrite, l'humanisme doit être complet. Malgré sa proximité avec le marxisme, Merleau-Ponty se refuse à trahir son rôle de mauvaise conscience en tant qu'intellectuel et doit dévoiler l'inachèvement de l'humanisme marxiste.

Les intellectuels peuvent difficilement accomplir leur tâche car les deux grandes idéologies n'agissent pas toujours selon un plan purement logique mais doivent affronter la contingence de l'événement qui obscurcit leur action. Leur rôle est donc de clarifier ce qui se joue dans chaque événement pour dépasser les interprétations dogmatiques que tentent d'en faire les idéologies. La contingence ne doit pas être confondue avec le non-sens et il est possible de saisir à chaque instant la logique souterraine de l'histoire.

Cet effort de clarification que doit faire l'intellectuel est paradoxal car il n'est pas comparable à un enseignement. Il s'agit avant tout d'une tâche de déconstruction afin que les hommes puissent s'emparer rationnellement du problème humain au lieu de répéter des solutions qui sont devenues idéologiques par leur incapacité à subir la critique.

Vocabulaire

Le problème humain : La définition du problème humain par Merleau-Ponty témoigne d'une désillusion face à l'optimisme des lumières car l'égalité juridique entre les hommes ne suffit absolument pas à le résoudre et il ne pourra pas être résolu par le progrès des connaissances. Cette recherche d'une coexistence pacifique entre les hommes et d'une reconnaissance mutuelle exige une forme spécifique de rationalité, une rationalité dialogique qui est encore difficilement définissable et dont la victoire sera toujours contingente.

Portée

La destruction du paysage mental de 1939 a créé un sentiment d'urgence chez ces penseurs de l'existence que sont Sartre et Merleau-Ponty. Leur volonté commune d'être présent dans la vie sociale est liée à leur conception de l'engagement de tout homme dans le monde mais ne doit pas masquer une différence qui ne cessera de se développer au cours des années. Alors que pour Sartre l'intellectuel a pour fonction de dévoiler le monde à partir de ses constructions théoriques, il a pour Merleau-Ponty le rôle de déconstruire les idéologies déjà présentes et à donc davantage un rôle de démystification.

> *Une chose est sûre d'abord, c'est qu'il y a eu une manie politique chez les philosophes qui n'a fait ni une bonne politique ni une bonne philosophie.*

Préface, *Signes*, p. 14.

Idée

La philosophie d'après-guerre, à laquelle Merleau-Ponty participa pleinement, s'est construite en intervenant régulièrement sur la scène sociale pour assumer sa responsabilité de représentant de la raison. Malheureusement, cette attitude a nui autant à la politique, dont la rationalité ne correspond pas à la logique conceptuelle de la philosophie, qu'à la philosophie qui a besoin d'un rythme réflexif qui s'accommode mal à l'urgence de l'action.

Contexte

Dix ans après *Humanisme et terreur*, cette préface du recueil d'articles *Signes* montre le retrait de Merleau-Ponty vis-à-vis de la figure de l'intellectuel engagé ou du moins de sa version sartrienne qui est de plus en plus politisée durant les années cinquante. Le déclenchement de la guerre en Corée fut pour Merleau-Ponty le point de non-retour vis-à-vis de l'URSS et lui fit prendre conscience d'un détachement essentiel dans son positionnement intellectuel.

Commentaire

L'engagement qui fut celui de Merleau-Ponty après la seconde mondiale disparut en 1950 avec le début de la guerre de Corée. En dehors de son rapport au marxisme, c'est son attitude plus générale vis-à-vis de la politique qui s'est transformée et il lui a semblé de plus en plus difficile d'intervenir en philosophe pour réagir aux événements politiques.

En fait, il faut admettre que le mariage entre philosophie et politique fut désastreux pour ces deux domaines, même si on doit aussi comprendre pourquoi ce rapprochement s'est effectué. Comme l'a montré l'article de Merleau-Ponty « La guerre a eu lieu », la Seconde Guerre mondiale a révélé à toute cette génération que la politique était la tragédie de notre époque et que la volonté de continuer à philosopher sans se préoccuper de la politique était une attitude de mauvaise foi. On pouvait donc croire que la résolution du problème politique était la résolution de tous les problèmes philosophiques et avait vocation à remplacer la théologie en tant que fondement du savoir. Le souffle de l'histoire qui submergea les hommes dans les années quarante eut ainsi un effet de sidération qui entraîna ce mariage

Pourtant il est mauvais tout d'abord pour la politique car cette dernière n'obéit pas à la logique conceptuelle de la philosophie. Les décisions politiques a prendre quotidiennement (la rédaction d'une loi, la négociation avec les partenaires sociaux…) ne sont pas liées aux problèmes philosophiques car l'engagement politique contient une part de sensibilité qui échappe au concept et la politique formulée par les philosophes est trop idéaliste pour être réalisée. Elle a fait aussi une mauvaise philosophie car on réduisait toutes les décisions philosophiques à un engagement politique, ce qui conduit naturellement à la paresse. Pour ne pas prendre le risque de penser contre son parti, il suffisait de suivre ce qu'il dictait.

En réalité, Merleau-Ponty vise avant tout la relation des intellectuels avec le parti communiste dans les années d'après-guerre, ce qui donne à cette citation une valeur d'auto-critique et indique sa profonde divergence avec Sartre. L'intellectuel était en effet condamné soit à suivre le parti, ce qui lui interdisait de penser, soit à s'exprimer en son nom, au risque d'être pris pour un anti-communiste, soit plus subtilement à rejeter les décisions du parti au nom de la philosophie de Marx et non pour des raisons proprement politiques. Refusant le divorce avec la politique, Sartre a ainsi alterné entre ces trois positions.

Il ne suffit cependant pas de mettre à jour l'échec de ce mariage car il ne faut pas simplement le dissoudre mais aussi repenser la relation entre la politique et la philosophie. Merleau-Ponty propose de le remplacer par une action à distance, un empiétement entre la philosophie et la politique. Ces deux domaines pourront d'autant mieux agir l'un sur l'autre qu'ils suivront chacun leur propre chemin. La liberté de la philosophie n'est possible que si elle n'a pas de responsabilité politique. Elle ne doit pas se désintéresser de la politique mais en faire une lecture philosophique et, en restant sur son propre chemin, elle parlera d'autant plus efficacement aux politiciens.

Vocabulaire

Empiétement : Ce concept n'est pas directement nommé dans les premiers textes de Merleau-Ponty mais le processus qu'il désigne est déjà utilisé pour dépasser l'opposition entre corps et esprit, celle entre moi et autrui et donc penser l'unité de l'être sans pour autant confondre les termes en présence. Il deviendra central dans les derniers textes pour approcher la problématique du lien. L'empiétement de la philosophie et de la politique indique qu'il y a du philosophique qui se joue en politique tout comme il y a du politique qui se joue en philosophie malgré la séparation de ces domaines.

La bonne politique : Le refus d'une politique conceptuelle risque de se transformer en une conception minimaliste de la politique : elle ne serait qu'une affaire d'opinions et de rapport de force. En réalité, Merleau-Ponty rejette cette dichotomie car il y a une vérité politique, une solution du problème humain qui se construit dans un humanisme dialogique qui reconnaît le droit d'existence de son adversaire.

Portée

Cet adieu du philosophe au style journalistique qui fut en partie le sien pendant ses années aux *Temps modernes* et à mettre en parallèle avec la convergence entre la philosophie et la peinture. Le détachement du philosophe et du peintre les soustrait au domaine de l'action pour leur donner une souveraineté dans le domaine de la vision et une liberté expressive garantie par l'absence de responsabilité.

Comment évaluer le marxisme ?

« *Simplement nous ferons cette politique d'attente sans illusion sur les résultats qu'on peut en espérer et sans l'honorer du nom de dialectique.* »

« Pour la vérité », *Sens et non-sens*, p. 207.

Idée

Dans cette période de conflit idéologique qu'est l'après-guerre, la question essentielle n'est pas d'être pour ou contre l'URSS, pour ou contre le marxisme mais de savoir quelle politique choisir pour défendre au mieux le prolétariat. C'est ce point de vue réaliste qui conduit Merleau-Ponty à adopter l'attentisme marxiste qui fait du soutien au parti communiste un simple moyen pour défendre la cause du prolétariat sans pour autant accepter entièrement sa vision de l'histoire.

Contexte

Malgré sa sensibilité communiste, Merleau-Ponty n'a jamais donné son assentiment complet à la politique de l'URSS et au marxisme et les lendemains de la guerre lui montrent rapidement que cette philosophie ne peut pas éclairer entièrement l'histoire présente. Le refus de remplacer l'incertitude par une croyance dogmatique le conduit à construire une position politique provisoire qu'il gardera jusqu'à la fin des années quarante.

Commentaire

Derrière les déplacements d'un auteur et les tournants de sa philosophie, une lecture rétrospective de son œuvre peut souvent y déceler une continuité plus profonde. Les lecteurs de Merleau-Ponty durant les années quarante et cinquante ont surtout vu son éloignement progressif vis-à-vis du marxisme alors que nous pouvons maintenant affirmer que cet éloignement était déjà présent implicitement dans ce texte de 1945.

« L'attentisme marxiste » qui fut le sien pendant quelques années est le résultat de deux principes qui ne le quitteront jamais. Le premier détermine sa responsabilité politique en tant que citoyen et intellectuel qui le contraint à prendre position s'il ne veut pas tomber dans une attitude de mauvaise foi. Malgré son détachement progressif vis-à-vis de l'urgence politique durant les années cinquante cette conscience d'une responsabilité politique n'a pas disparu mais a pris la forme de cette action à distance plus soucieuse de la temporalité propre à la réflexion philosophique.

Son second principe est un certain réalisme politique qui privilégie le souci des conséquences davantage que la sacralisation d'une idéologie. La nécessité de se positionner par rapport au parti communiste, à l'URSS et au marxisme n'est que la conséquence de la prise en compte du problème humain qui a un sens avant toute idéologie. C'est un fait que ce problème n'est pas résolu et qu'il n'y a pas encore une reconnaissance mutuelle entre tous les hommes puisque le prolétariat continue à être exploité. L'arrivée du nazisme au pouvoir durant les années trente ayant discrédité la solution libérale le soutien au communisme reste la seule alternative restante.

Ce soutien n'est donc pas équivalent à une adhésion au marxisme car Merleau-Ponty souligne dès ce texte que la dialectique marxiste ne permet pas de comprendre le cours actuel des événements et que par conséquent elle échoue sur le terrain qui est pour elle le seul lieu de confirmation valable. De plus, il est impossible de savoir si le progrès du parti communiste aux élections est un signe du progrès de la conscience de classe du prolétariat ou un signe de la réussite des manœuvres du parti et Merleau-Ponty tend plutôt vers la seconde hypothèse puisqu'il admet que le prolétariat est de moins en moins une force agissante. Le soutien politique au communisme ne peut donc pas être considéré comme une adhésion philosophique à la vérité marxiste. De manière réaliste, il est le seul moyen actuel de servir les intérêts du prolétariat mais doit être d'autant plus nuancé qu'il était quasiment impossible durant ces années de connaître la situation exacte en URSS et dans les pays qu'il contrôlait. Le soutien est donc assumé, malgré la violence connue de la politique soviétique, les procès de Moscou et l'existence des camps, dans l'attente d'une connaissance plus précise de la politique soviétique et tant que l'URSS ne détruit pas la possibilité d'une coexistence pacifique qui est l'ultime barrière qui nous protège du non-sens.

Pour comprendre la portée de cet attentisme dans la philosophie de Merleau-Ponty, il faut le comparer à la morale par provision de Descartes. Dans le *Discours de la méthode*, celui-ci formule quatre règles de morale qu'il se propose d'observer pour régler son action en attendant qu'il puisse formuler une morale rigoureuse et déduite de sa philosophie. Merleau-Ponty adopte la même attitude et affirme dans cet article qu'on ne peut prétendre dépasser le marxisme tant qu'on ne dispose pas d'un outil théorique apte à rendre compte de manière plus pertinente de la réalité sociale bien qu'on ne puisse pas attendre cet outil pour s'engager dans son époque. Il reformulera à nouveau cette difficulté dans la préface aux *Aventures de la dialectique* en indiquant que ces textes ne sont écrits que dans l'attente de la formulation théorique des problèmes qu'ils soulèvent.

Vocabulaire

Politique d'attente : La politique d'attente (ou attentisme marxiste) n'est pas l'aveu d'une paresse intellectuelle ou d'une incapacité à s'engager pleinement mais témoigne d'une prudence et d'un réalisme qui conduisent Merleau-Ponty à refuser dès cette époque la confusion complète entre philosophie et politique. Pour servir le prolétariat malgré l'incertitude sur les véritables buts du monde soviétique il faut soutenir le parti communiste tout en se réservant le droit de le critiquer ou de retirer son soutien s'il n'est plus un moyen pour résoudre le problème humain.

Portée

Dès ces premiers textes politiques, Merleau-Ponty fait preuve de méfiance pour toute tentative de fonder philosophiquement l'action politique et sa conscience aiguë de la contingence de l'histoire lui donne les clés d'un réalisme politique soucieux de l'événement et capable de soutenir une exigence humaniste. Le soutien au communisme n'est pas un cynisme qui admettrait que seule la violence fait loi mais un soutien qui assume la justification de la violence lorsqu'elle est le seul moyen d'émanciper l'humanité.

« *La totalité, l'universalité, elles se lisent dans la participation croissante des masses à la politique révolutionnaire, dans la transparence croissante de l'histoire, et nous n'avons d'autre garantie contre le non-sens que cette confirmation de proche en proche du présent par ce qui lui succède.* »

Chapitre IV : « La dialectique en action »,
Les aventures de la dialectique, p. 110.

Idée

Trotski radicalise le marxisme en faisant des événements l'épreuve qui donne sa valeur de vérité à la théorie de l'histoire puisqu'ils doivent préfigurer l'avenir. Le parti ne peut avoir raison contre le prolétariat et ne peut promouvoir seul la société communiste car seule l'adhésion des masses aux idées révolutionnaires montre qu'elles sont porteuses de la société future et que l'histoire a un sens.

Contexte

Pour conjurer la transformation du marxisme en esprit de système et en croyance, Merleau-Ponty applique aux errances de la dialectique marxiste son hyperdialectique pour dégager la rationalité qui se trouve derrière cette décadence. Il décrit ainsi comment la dialectique se transforme aux contacts des événements et passe du statut de lecture vivante de l'histoire à celui d'interprétation dogmatique. Dans ce parcours, Trostsky, dont le thème de la pédagogie des masses est proche des attentes de Merleau-Ponty, se situe à un tournant puisqu'il ne peut plus faire coïncider sa théorie et sa pratique politique dans sa lutte contre Staline et doit admettre en tant que marxiste que la russie stalinienne est une révolution défigurée, ce qui signifie néanmoins qu'elle est encore révolutionnaire.

Commentaire

Puisque le marxisme refuse la séparation entre la réflexion et l'action, sa vérité philosophique doit apparaître au niveau des événements. Si on transforme le marxisme en croyance et s'il faut lui obéir en attendant l'avènement d'une société sans classe, il n'est plus une politique mais est devenu une religion et une utopie. Ce problème est d'autant plus crucial que le parti ne fait pas la révolution pour lui-même mais prétend agir pour les masses; il ne peut donc être dans la vérité s'il est séparé de celles-ci.

Depuis Lénine, le rapport entre masse et parti est un enjeu fondamental de la lecture marxiste de l'histoire. Se méfiant du spontanéisme des masses, Lénine voit dans le parti l'avant-garde révolutionnaire qui doit guider les masses et lui imposer des sacrifices qui n'ont un sens que par sa clairvoyance historique mais la transformation du gouvernement révolutionnaire en bureaucratie et la domination stalinienne conduisent Trotski à repenser ce rapport entre masse et Parti. On ne peut pas affirmer que le prolétariat est la classe révolutionnaire si le prolétariat n'en a pas conscience.

Problème central du marxisme depuis Marx lui-même, la conscience de classe n'est pas innée. Au contraire dans l'économie capitaliste cette conscience est obscurcie, les prolétaires sont divisés et n'ont pas conscience de leur véritable intérêt. Puisque d'après la pensée marxiste de l'histoire l'intérêt du prolétariat (le renversement du capitalisme) se confond avec l'intérêt de l'humanité (la société sans classe), les masses acquièrent une forme d'universalité lorsque leur conscience de classe est éveillée. C'est pourquoi il ne faut pas guider des masses aveugles mais adopter une pédagogie des masses pour qu'elles deviennent elles-mêmes révolutionnaires.

De même, le marxisme ne peut accepter de sacrifier le présent au nom d'un avenir insondable et c'est l'incapacité à comprendre le lien entre la terreur de la politique stalinienne et l'émancipation future de l'humanité qui discrédite cette politique. Sans qu'on puisse parler de prévision, il faut que le style de l'avenir soit reconnaissable dans le présent et le rôle du parti ou de l'intellectuel est donc de donner à voir ce paysage mental en montrant comment les faits peuvent se réorganiser dans une perspective révolutionnaire. L'introduction de la notion d'interprétation montre qu'il n'y a pas nécessairement accord entre la vérité et la réalité et les vraies solutions ne seront pas nécessairement victorieuses car la possibilité de voir l'avenir dans le présent ne signifie pas que cet avenir est nécessaire mais seulement qu'il est possible. Néanmoins cette stylisation de l'avenir dans le présent est nécessaire pour éveiller la conscience des masses et pour les faire adhérer à l'action révolutionnaire.

Malgré son désaccord avec Trostky, Merleau-Ponty est sensible à cette recherche d'un accord entre la vérité objective et la vérité subjective et fait aussi de cette recherche un critère de la valeur de l'action politique car il est peut-être le seul acceptable une fois qu'on reconnaît la contingence de l'histoire.

Vocabulaire

La totalité : L'humanité est une totalité puisque tous les hommes partagent le même monde naturel mais elle reste une totalité virtuelle tant que les hommes sont divisés. Elle est donc une totalité à construire dans le processus révolutionnaire. Il est cependant possible de lui donner une existence subjective si la classe prolétarienne prend conscience d'elle-même car son intérêt se confond avec l'intérêt de l'humanité.

Portée

Il est toujours délicat de prétendre qu'un auteur s'approprie une pensée qu'il se propose de commenter et cela est d'autant plus le cas ici que Merleau-Ponty écrit *Les aventures de la dialectique* dans une position d'extériorité par rapport au marxisme. En réalité, l'approfondissement critique du marxisme n'a de sens que s'il se transforme en une série d'exigences pour définir une politique apte à résoudre le problème humain car on ne peut dépasser le marxisme qu'en allant plus loin que lui. Dans cette percée au-delà du marxisme, la pédagogie des masses Trotskiste est un moment essentiel pour éviter le retour au totalitarisme et à l'affrontement aveugle.

« *Il est bien impossible de couper en deux le communisme, de lui donner raison dans ce qu'il nie, et tort dans ce qu'il affirme.* »

Épilogue, *Les aventures de la dialectique*, p. 320.

Idée

Pour Merleau-Ponty, la cohérence de la philosophie de Marx la rend indivisible et on ne peut à la fois rejeter la révolution et garder la critique du capitalisme. L'échec du processus révolutionnaire est l'échec de la totalité de l'aventure communiste.

Contexte

L'errance de la dialectique marxiste peut laisser un goût amer car elle semble donner raison au réalisme cynique qui affirme que l'histoire n'est qu'une lutte absurde et incessante. En réalité, l'amertume n'est ressentie que par ceux qui ont transformé leur soutien au marxisme en foi inconditionnelle alors qu'un soutien critique transforme la description de cette errance en un surplus de clairvoyance pour une politique future. Au milieu des années cinquante, il devient plus qu'évident que les deux grandes idéologies ont trahi l'humanisme au nom de la puissance et il serait malvenu de désespérer de toute politique future au moment où le non-sens s'accroît.

Commentaire

Lorsque Merleau-Ponty publie *Les aventures de la dialectique*, Sartre est encore un compagnon de route du parti communiste pour très peu de temps encore puisque les événements de Budapest l'année suivante sonnent le glas de son soutien. Leur rupture respective avec le parti communiste n'a cependant pas eu les mêmes conséquences car Sartre a voulu « sauver » le marxisme en réveillant son inspiration première à partir des concepts existentialistes.

D'un certain côté Merleau-Ponty donne plus de valeur à l'ambition marxiste de fusionner avec le cours du monde car si la révolution russe a échoué et si la dialectique est incapable de suggérer un avenir ce n'est pas seulement à cause d'une déviation malencontreuse ou de malentendus qu'une clarification conceptuelle pourrait effacer. L'échec du mouvement marxiste est l'échec de Marx lui-même puisqu'il a fait de l'histoire le lieu où devait se vérifier sa philosophie. Vouloir sauver le marxisme en prétendant qu'il a été mal interprété revient à oublier le type de vérité qu'il recherchait.

Plus de soixante ans après la publication de ce texte, beaucoup de personnes de sensibilité socialiste continuent à utiliser le marxisme comme grille d'analyse du capitalisme. La théorie de la plus-value et celle de l'aliénation du travail salarié continuent leur vie malgré la déshérence du projet révolutionnaire car on suppose que Marx a raison dans sa critique du capitalisme tout en ayant tort dans l'alternative qu'il propose.

En réalité nous avons vu que l'interprétation marxiste du capitalisme est inséparable de sa théorie de l'histoire et de l'hypothèse d'une société sans classe à la fin de l'histoire et dans cette perspective le capitalisme n'est qu'une ombre, une étape vers la réalisation de cette société. Il est donc impossible d'utiliser le marxisme comme analyse critique du capitalisme sans réintroduire subrepticement le projet de construction d'une société sans classe.

La rupture avec le marxisme ne pouvait donc s'effectuer que si une esquisse d'alternative, à défaut d'alternative complète, était disponible pour analyser notre monde social et même s'il venait de l'introduire Merleau-Ponty pressentait que la notion d'institution pouvait jouer un tel rôle. Dans ce nouveau cadre théorique le capitalisme se définit comme une solution spécifique au problème humain même si Merleau-Ponty reconnaît son insuffisance.

Vocabulaire

Communisme: La notion de communisme semble avoir une proximité immédiate avec ce penseur du monde commun. Cependant, le communisme ne peut plus être séparé du marxisme et ce projet ne peut donc plus être le seul horizon possible.

Portée

Le marxisme a une place à part dans les systèmes philosophiques modernes puisque sa prétention à changer le monde s'est réalisée à tel point que Sartre pouvait affirmer qu'il était l'horizon indépassable de notre temps mais le décalage entre le projet marxiste et sa réalisation rend nécessaire un bilan sans concession de cette entreprise politique. Merleau-Ponty considère que la disparition de l'inspiration humaniste au sein du communisme est un échec du marxisme lui-même et il faut en conclure que la voie la plus respectueuse envers l'inspiration qui fut à l'origine de cette philosophie prolétarienne au milieu du dix-neuvième siècle est de reconstruire entièrement une alternative. Toute tentative de garder des morceaux du marxisme dans un éclectisme philosophique suggérerait qu'ils ne forment pas un ensemble relié organiquement ou ressusciterait les fantômes staliniens qui doivent rester enterrés.

L'exigence humaniste et l'action politique : un perpétuel malentendu ?

« *Les politiques, qu'elles soient d'entendement ou de raison, sont un va-et-vient entre le réel et les valeurs, le jugement solitaire et l'action commune, le présent et l'avenir.* »

Préface, *Les aventures de la dialectique*, p. 13.

Idée

Aucune philosophie ne peut diriger son action à partir d'un seul principe car la politique de raison ne peut se contenter de diriger son regard vers l'avenir et les valeurs tout comme la politique d'entendement ne peut s'en tenir exclusivement au présent et à un point de vue réaliste. L'action politique se construit dans une dialectique incessante entre ces deux pôles sans qu'une synthèse finale soit possible.

Contexte

La préface des *Aventures de la dialectique* met au jour le problème que la dialectique marxiste a eu à affronter durant le vingtième siècle à partir d'une opposition conceptuelle de Alain. Au moment où cette dialectique pensait résoudre le problème final de l'histoire par la révolution, les problèmes concrets sont réapparus et ont redonné une nouvelle vigueur à un réalisme qui a perdu foi en sa vocation. Les oppositions que la dialectique devait résoudre se sont ainsi transformées en une série d'antinomies irréductibles que Merleau-Ponty se propose d'explorer.

Commentaire

En reprenant cette distinction d'Alain, Merleau-Ponty résume une série d'oppositions où se joue la politique moderne. La distinction entre entendement et raison est d'origine kantienne : l'entendement est la faculté des concepts qui permettent de connaître l'expérience et la raison est la faculté des Idées qui organisent les connaissances. La raison a donc une abstraction plus grande que l'entendement car elle ne s'intéresse pas aux faits eux-mêmes et a ainsi vocation à devenir le lieu de l'idéal. Alain reprend cette différence et lui donne une lecture politique. La politique de raison est une politique ambitieuse car elle cherche à réaliser des valeurs et se propose d'agir pour le progrès de la société et de l'humanité. Par conséquent, elle se préoccupe davantage de l'avenir que du présent. Au contraire de cette politique idéaliste, la politique d'entendement a un projet plus modeste car elle veut agir dans la réalité présente et doit faire preuve de réalisme. Elle souhaite moins réaliser un idéal qu'à améliorer l'état de la société et dépend du jugement solitaire du politicien qui va décider de la meilleure action à chaque instant.

Le marxisme a cru pouvoir résoudre cette contradiction grâce au matérialisme historique car son anticipation de la société future devait éclairer la société présente et guider l'action politique concrète. Avec lui, l'idéal devait s'incarner dans le réel, l'avenir et le présent devaient être réconciliés, l'action spontanée des masses et le jugement de l'avant-garde ne faisant plus qu'un.

Malheureusement, Merleau-Ponty reprend cette opposition car la politique marxiste est devenue aveugle. Il n'y a pas une réconciliation de l'entendement et de la raison mais un éclectisme qui fait naviguer les politiques entre ces deux pôles. La politique de raison ne peut se contenter d'un idéal futur mais a besoin de chercher dans la réalité présente les moyens pour l'atteindre. De même, le politicien de l'entendement est incapable de choisir ce qui est le mieux dans le présent. Certaines situations sont indécidables si on ne fait pas intervenir un idéal futur qui nous semble préférable et qui servira de critère de choix. Enfin, le divorce semble définitif entre l'apathie des masses et le prophétisme révolutionnaire de l'avant-garde solitaire.

Cet éclectisme ne signifie pas que la politique est un idéal inefficace ou un réalisme cynique car cette impasse de la politique n'est que la conséquence du présupposé commun à ces deux pôles qui nous fait croire qu'il y a une vérité définitive en politique qu'elle soit dans le présent ou le futur.

Vocabulaire

La politique d'entendement et la politique de raison : Cette distinction utilisée par Alain par exemple dans les *Entretiens au bord de la mer* met à jour la tragédie incessante de l'action politique. Alain privilégie cette politique modeste qu'est la politique d'entendement, centrée sur les faits concrets et le réel, et se méfie du sublime recherché par la politique de raison qui se condamne à agir par passion par son intérêt exclusif à l'idéal. Cependant, la politique d'entendement peut aussi voir son réalisme se transformer en cynisme si elle oublie ses principes.

Portée

L'échec du marxisme est sans doute lié à son incapacité à être à la hauteur de sa découverte. Le réaliste, qui est souvent un libéral quand il est sincère, a tort quand il croit qu'il suffit de faire au mieux à chaque instant et que l'avenir se dévoilera peu à peu mais le marxiste fait la même erreur en pensant que la société future attirera d'elle-même l'action présente. Dans les deux cas, on suppose que la rationalité de l'histoire est de type mathématique et qu'elle contient une vérité, présente ou future, qu'on pourrait exposer explicitement. En réalité, il faut affirmer en même temps que l'histoire possède une rationalité dialectique et qu'il n'y a pas de vérité à découvrir. En politique, la vérité doit s'inventer à l'épreuve des faits et de proche en proche. Elle demande un jugement spécifique qui saura déconstruire les lectures figées de l'histoire pour proposer d'autres chemins vers le futur à partir du présent. La politique ne doit être ni d'entendement ni de raison mais d'invention.

« *Le peintre et le politique forment les autres bien plus qu'ils ne les suivent, le public qu'ils visent n'est pas donné, c'est le public que leur œuvre suscitera.* »

« Le langage indirect », *La prose du monde*, p. 121.

Idée

Le peintre et le politique ne sont pas seuls face à leur action mais sont constamment soumis au jugement du public. Les plus frileux d'entre eux se contenteront de plaire à ce public et de suivre ses goûts alors que les vrais créateurs créent aussi les critères à partir desquels ils devront être jugés et appréciés. La force initiatrice des grandes œuvres fait apparaître le public qu'elles réclament.

Contexte

L'analyse de l'historicité des formes artistiques a mis au jour la contingence du sens qui s'y exprime et a détruit l'hypothèse d'un critère ultime pour juger les créations artistiques. La généralisation de cette démonstration à la totalité de l'histoire ne se contente pas de souligner la contingence de celle-ci mais problématise aussi la possibilité du jugement de l'action politique.

Commentaire

La philosophie de Merleau-Ponty est davantage une philosophie du créateur que du spectateur mais elle ne pouvait pas omettre la communauté qui reçoit et juge ces actes de création qu'ils soient artistiques ou politiques. Lorsqu'on prête attention aux relations entre le créateur et son public, deux problèmes se posent : quel critère le public doit-il utiliser pour juger la création ? Quelle relation le créateur doit-il avoir avec son public ? Malgré leur différence, ces deux questions sont liées et il est difficile d'y répondre séparément.

En effet, si on suppose que le goût du public est le critère ultime du jugement, le créateur est condamné à suivre ce goût pour lui plaire. L'artiste est ainsi condamné au divertissement et le politicien à la démagogie. Paradoxalement cette conclusion détruit la possibilité d'un acte créateur car la création expressive échappe aux significations préétablies et ne peut être jugée par elles. Que ce soit dans l'art ou dans la politique toute œuvre importante est instituante, elle ouvre un nouveau domaine de sens et ne peut être comprise et jugée par ce dernier.

L'acte de création est toujours un risque car on ne peut pas définir à l'avance le public qui lui correspond et il est possible qu'il n'ait aucun public. Il est alors raisonnable de se demander si on peut vraiment juger cet acte puisqu'il définit ses propres critères. Étant juge et partie le créateur est nécessairement victorieux et il aura le droit d'utiliser le terrorisme physique ou intellectuel si le public ne le suit pas.

En réalité, la production de l'artiste n'est instituante que si elle est capable d'ouvrir un avenir et donc de former son propre public. Elle n'a pas à imposer sa vision mais sa pédagogie doit réveiller le pouvoir expressif présent dans la communauté des spectateurs pour qu'il puisse comprendre sa création. Parmi les artistes, Merleau-Ponty ne mentionne que le peintre pour indiquer qu'il s'agit bien ici d'un problème de vision. Le politique et le peintre doivent nous apprendre à voir et le public de l'œuvre est donc la part de la communauté qu'elle va éduquer. Ce public peut se retourner contre elle, ce qui est possible quand elle n'est pas à la hauteur du domaine expressif qu'elle a ouvert. L'artiste comme le peintre doit donc être capable d'initier la communauté à sa création, à l'élever vers lui si elle en est capable. Malgré ses désillusions sur la classe politique de son époque, Merleau-Ponty a vu dans le socialisme de Pierre Mendès France et son sens de la pédagogie l'exemple d'une action politique capable de former son public et d'introduire un sens de la liberté dans la communauté. Malheureusement, l'avenir de la société ne peut pas dépendre seulement de l'arrivée de ces hommes providentiels et il est nécessaire d'élaborer des institutions capables de stimuler ce goût pour la liberté.

Vocabulaire

Le public : Il ne faut pas confondre le public d'une création, artistique ou politique, et la communauté objective qui peut la connaître. Si elle est véritablement une création, elle invente sa propre grammaire et seul un public virtuel est capable de la comprendre immédiatement. Il faut donc créer un chemin entre cette nouveauté et la communauté réelle pour réveiller l'expérience irréfléchie du monde vécu de cette dernière et son pouvoir expressif. La création aura ainsi suscité son public tout en lui laissant son autonomie. Son public est la communauté avec laquelle le créateur est prêt à vivre, celle avec laquelle il est prêt à partager la même tradition de sens et de valeur.

Portée

Cette formation du public par l'œuvre elle-même est le complément de la politique de l'invention qui a vocation à dépasser l'opposition figée entre la politique de l'entendement et la politique de raison. Cette nouvelle politique ne pourra pas prétendre révéler une vérité définitive mais ne devra pas s'imposer par la propagande ou la démagogie. Elle devra proposer des alternatives au moment présent et les rendre visibles aux citoyens.

« *Si on appelle humanisme une philosophie qui affronte comme un problème le rapport de l'homme avec l'homme et la constitution entre eux d'une situation et d'une histoire qui leur soient communes, alors il faut dire que Machiavel a formulé quelques conditions de tout humanisme sérieux.* »

« Note sur Machiavel », *Éloge de la philosophie*, p. 308.

Idée

Le réalisme de Machiavel qui accepte l'utilisation de la ruse et de la violence pour construire une histoire commune entre les hommes n'est inacceptable que pour un humanisme abstrait qui s'en tient sur le plan des valeurs mais il est en réalité le seul cadre permettant de fonder l'humanisme réel.

Contexte

Prononcée en 1949, cette conférence sur Machiavel s'insère dans la discussion sur l'humanisme présent dans la politique soviétique. La distance historique de cet auteur avec les événements contemporains permet ainsi de sortir de l'affrontement des idéologies pour poser lucidement le problème de la nécessité de l'utilisation de la violence pour réaliser un humanisme concret.

Commentaire

Malgré les siècles qui nous séparent de l'Italie de la Renaissance, Machiavel reste pour nous un auteur scandaleux car il développe une pensée politique qu'on peut difficilement accepter entièrement. Les partisans d'une politique idéaliste verront en lui un stratège cynique et machiavélique alors que ceux qui défendent un réalisme politique doivent malgré eux reconnaître que Machiavel n'est pas entièrement machiavélique.

Alors que ces deux formes de politique pensent qu'il faut choisir entre les principes et la force, Machiavel démontre que les deux sont inséparables car ce défenseur du réalisme politique a en fait un principe qui ne l'a jamais quitté : la défense de l'humanisme. Merleau-Ponty va explorer le paradoxe proposé par Machiavel en le mettant en parallèle avec son époque et l'examen de la présence d'un humanisme dans la politique marxiste puisque le libéralisme se proclame défenseur de l'humanisme en mettant en avant son respect de la déclaration des droits de l'homme et du citoyen et dénonce par conséquent l'inhumanité de la violence utilisée par le régime soviétique.

La montée du fascisme et de l'antisémitisme durant les années trente a discrédité cette argumentation car l'humanisme du libéralisme est un humanisme abstrait qui en reste au niveau des principes sans être capable de les défendre. Le régime russe doit donc être jugé au nom de l'humanisme réel qu'il veut réaliser et Machiavel a avant nous défini les exigences que doit remplir une politique digne d'un humanisme sérieux qui est moins le respect de certains principes que la résolution du problème humain. Une politique sera donc humaniste si elle est capable de créer les conditions d'une vie commune dans laquelle les hommes se reconnaîtraient comme égaux. Ce critère ne signifie pas que tous les moyens se valent pour atteindre ce but mais qu'aucune politique n'est définie si on se contente d'affirmer le principe humaniste car il faut encore choisir qui fera cette politique humaniste, quel moyen il aura le droit d'utiliser contre ses adversaires et qui seront les premiers à bénéficier de cette politique. L'humanisme réclame ainsi une politique de l'invention qui sera capable de montrer le lien entre ses actions présentes et incomplètes et leur capacité à provoquer l'émancipation future de l'humanité.

Vocabulaire

L'humanisme: La question de l'humanisme est devenue un enjeu central du programme existentialiste avec la conférence prononcée par Sartre en 1946 *L'existentialisme est un humanisme*. Le soutien de l'existentialisme à la politique communiste va passer par la distinction entre l'humanisme abstrait et moralisateur que défend la politique libérale et l'humanisme concret que cherche à réaliser l'inspiration marxiste et qui se définit par une reconnaissance réciproque entre les hommes. C'est au nom de ce même humanisme concret que Merleau-Ponty se détournera peu à peu de cette politique.

Portée

Merleau-Ponty n'a jamais eu un goût prononcé pour la provocation et la rigueur de ses écrits s'accommode mal d'un tel effet de style. Sa description de Machiavel en défenseur de l'humanisme doit donc être prise littéralement et montre à quel point son sens politique était développé, ce qui nous invite à réinterpréter sa volonté de ne plus juger immédiatement les événements. Il rejoint Machiavel en refusant d'interpréter les événements à partir d'une idéologie pour au contraire suivre leurs méandres et exprimer leur inventivité parce que cette exigence qui refuse de mélanger l'urgence de l'action et la lenteur de l'analyse définit l'humanisme sérieux du monde intellectuel.

Proposition pour un libéralisme non idéologique

« *Si l'on parle de libéralisme, c'est en ce sens que l'action communiste, les mouvements révolutionnaires ne sont admis que comme utile menace, comme continuel rappel à l'ordre, que l'on ne croit pas à la solution du problème social par le pouvoir de la classe prolétaire et de ses représentants, que l'on n'attend de progrès que d'une action qui soit consciente et se confronte avec le jugement d'une opposition.* »

Épilogue, *Les aventures de la dialectique*, p. 312.

Idée

Le nouveau libéralisme envisagé dans cet épilogue est un véritable pluralisme qui doit accepter l'existence du contre-pouvoir social que sont les mouvements révolutionnaires comme interlocuteur puisque ni les partis dirigeants ni les contre-pouvoirs ne peuvent prendre détenir la vérité sur le bien commun sans passer par le dialogue. Or ce dernier n'est possible que si les interlocuteurs sont égaux, ce qui demande sur le terrain politique la possibilité d'un rapport de force équilibré.

Contexte

Cet adieu au marxisme que sont *Les aventures de la dialectique* ne pouvait s'arrêter à ce bilan négatif car le problème humain persiste et demande toujours une réponse. Si la critique sociale ne peut plus passer par la révolution, elle doit donc prendre une autre forme politique que Merleau-Ponty nomme libéralisme. L'utilisation de ce mot si idéologiquement connoté durant la guerre froide a sans doute facilité les lectures superficielles de l'ouvrage qui n'y voyaient qu'un anticommunisme alors qu'il est avant tout une tentative pour prendre la relève du projet initial du marxisme.

Commentaire

Alors que les années cinquante ont été le théâtre de l'affrontement entre la puissance américaine libérale et la puissance russe communiste, Merleau-Ponty formule un projet politique où les mots « libéral » et « communiste » peuvent paradoxalement coexister. Nous ne sommes pas en présence d'un oxymore mais de la condition d'une gauche non communiste qui voudrait résoudre le problème humain sans parti pris idéologique et qui se donnerait les moyens de devenir une nouvelle critique sociale.

Merleau-Ponty savait que ce projet politique ne pouvait attendre l'arrivée d'un homme providentiel et exige des institutions créatrices d'une culture de la liberté. Pour les mettre en place, il faut rejeter le présupposé commun du libéralisme et du communisme selon lequel le conflit social est un défaut qui doit être éliminé. Contrairement à ce qu'elles prétendent, ces deux idéologies s'opposent seulement sur le moyen d'éliminer ce conflit. Pour le libéralisme, l'égalité des droits est suffisante car le recours à la violence n'est que la conséquence d'un égoïsme non maîtrisé alors que le communisme suppose que la lutte sociale est une étape indispensable pour créer une union véritable des êtres humains.

Le nouveau libéralisme opère un déplacement par rapport à ces deux idéologies en acceptant l'irréductibilité du conflit au sein de la société car il est la conséquence naturelle de la pluralité humaine, une société qui n'en contiendrait pas ne pouvant être qu'une société uniforme. De plus, il est le rempart le plus sûr contre l'idéologie car il est la condition de la recherche commune de la vérité politique s'il ne se transforme pas en affrontement violent mais met en place un dialogue social.

Les institutions conformes à ce nouveau libéralisme doivent par conséquent donner une place à ce conflit et doivent légitimement donner le rôle de contre-pouvoir au prolétariat et à ses représentants puisque dans les conditions actuelles de notre société il est exclu du pouvoir. Cette légitimité n'a pas pour vocation à se transformer en prise de pouvoir car le prolétariat n'est pas plus l'incarnation du bien commun que les autres classes mais doit rappeler à ces dernières que le problème humain n'est pas résolu. Grâce à l'esprit des institutions, le conflit devient l'occasion d'une prise de conscience et d'une rationalité collective émancipée des idéologies et permet d'élaborer une politique de l'invention. À l'instar de toutes les formes expressives, ces institutions libérées de la peur du conflit seront à même de susciter une nouvelle communauté qui se définira par le sens de la liberté.

Vocabulaire

Le libéralisme : Merleau-Ponty distingue deux formes de libéralisme : le libéralisme idéologique de notre époque et un « nouveau libéralisme ». Le libéralisme idéologique est l'héritier du mouvement humaniste et a lutté depuis le dix-huitième pour la reconnaissance des droits de chaque individu. Il a cependant trahi son projet initial pour se transformer en idéologie à partir du moment où il a privilégié la liberté économique et s'est contenté de l'égalité juridique entre les individus sans lui donner une réalité dans la société. Au contraire, le nouveau libéralisme n'est pas une idéologie et se définit avant tout par le pluralisme. Il accepte la présence d'une conflictualité au sein de la société et lui donne un rôle positif pour émanciper réellement toutes les classes sociales.

Portée

Tout comme l'ontologie de la chair, la pensée politique que Merleau-Ponty laisse à l'état d'esquisse nous rappelle la patience théorique de cet auteur qui a peu à peu cherché le langage qui correspondait à l'expression de ses intuitions sans jamais se renier. Ce nouveau libéralisme n'est pas un changement de sensibilité politique mais la suite logique de l'humanisme qui l'a rapproché du communisme. De même que l'ontologie doit revenir à la vie irréfléchie sans accepter les constructions intellectuelles des philosophies héritées, la nouvelle politique doit revenir au problème humain sans adhérer à une idéologie.

Bibliographie

Œuvres de Merleau-Ponty

Éloge de la philosophie, coll. « Folio essais », Gallimard, 1989, Paris.

Humanisme et terreur, coll. « Idées », Gallimard, 1980, Paris.

L'institution, la passivité, coll. « Alpha », Belin, 2015, Paris.

L'œil et l'esprit, coll. « Folio essais », Gallimard, 1985, Paris.

La prose du monde, coll. « Tel », Gallimard, 1992, Paris.

La structure du comportement, coll. « Bibliothèque contemporaine de philosophie », PUF, 1967, Paris.

Le primat de la perception, Verdier, 1996, Paris.

Le visible et l'invisible, coll. « Tel », Gallimard, 1979, Paris.

Les aventures de la dialectique, coll. « Folio essais », Gallimard, 2000, Paris.

Phénoménologie de la perception, coll. « Tel », Gallimard, 1976, Paris.

Sens et non-sens, coll. « Bibliothèque de la philosophie », Gallimard, 1995, Paris.

Signes, coll. « Folio essais », Gallimard, 2001, Paris.

Essais critiques

Barbaras R., *De l'être du phénomène : sur l'ontologie de Merleau-Ponty*, coll. « Krisis », J. Millon, 1991, Grenoble.

Bonan R., *Apprendre à philosopher avec Merleau-Ponty*, Ellipses, 2010, Paris.

Dastur F., *Chair et langage*, Encre marine, 2001, Fougères.

Robert F., *Phénoménologie et ontologie. Merleau-Ponty lecteur de Husserl et Heidegger*, L'Harmattan, 2005, Paris.

Saint Aubert E., *Du lien des êtres aux éléments de l'être : Merleau-Ponty au tournant des années 1945-1951*, coll. « Bibliothèque d'histoire de la philosophie », Vrin, 2004, Paris.

Saint Aubert E., *Vers une ontologie indirecte : sources et enjeux critiques de l'appel à l'ontologie chez Merleau-Ponty*, coll. « Bibliothèque d'histoire de la philosophie », Vrin, 2006, Paris.

Vibert P, *Sartre*, coll. « Connaître en citations », Ellipses, 2016, Paris.

Aubin IMPRIMEUR

Achevé d'imprimer en mars 2018
Dépôt légal, mars 2018 / N° d'impression 1801.0130
Imprimé en France